Henri Tollin

Die Engländer und die Entdeckung des Blutkreislaufs

Henri Tollin

Die Engländer und die Entdeckung des Blutkreislaufs

ISBN/EAN: 9783743320321

Hergestellt in Europa, USA, Kanada, Australien, Japan

Cover: Foto ©ninafisch / pixelio.de

Manufactured and distributed by brebook publishing software
(www.brebook.com)

Henri Tollin

Die Engländer und die Entdeckung des Blutkreislaufs

Die Engländer und die Entdeckung des Blutkreislaufs.

Von Dr. hon. med. Lic. theol. Henri Tollin,
Prediger in Magdeburg.

--- - ---

I.

Universalgelehrte hat es gegeben und kann es nur geben so lange als das Universum der Gelehrsamkeit enge Grenzen umspannt. Je mehr jedes einzelne Fach selber ein Universum des Wissens wird, je weiter allüberall die Grenzen des Wissenswerthen zurückgesteckt werden, um so mehr wird Theilung der Arbeit nöthig, Specialstudium. Und nur wer irgend einen Theil jenes Fach-Universums durch ein Menschenalter genau studirt, vermag noch etwas Besonderes zu leisten. Wir freuen uns, wenn ein Mann den Muth hat, durch sein ganzes Leben die Natur der Schnecke oder der Zelle oder des Bacillus zu studiren und nach Jahrzehnten endlich seine Ergebnisse der Oeffentlichkeit überweist. In der Specialität liegt die Kraft.

Aber je specieller und detaillirter heute die Fachwissenschaft wird, um so internationaler wird sie auch. Hatte früher jemand über eine Frage der Ethik etwas zu veröffentlichen, dann genügte es, den Plato und Aristoteles nachgelesen zu haben. Behandelte wer eine pathologische Frage, so las er Hippokrates und Galen nach. Was die Engländer, die Franzosen, die Spanier, die Italiener, die Deutschen darüber sagen, war von keinem Belang: „Lies die Alten“. rieth Harvey einem nach Padua ziehenden jungen englischen Mediciner: „die Modernen sind alle Sch....kerls“ ....

Heut ist das anders. Wer über des Blutkreislaufs Geschichte[1]) sich orientiren will, der muss die Spanier, Italiener, Franzosen, Engländer, Deutschen gelesen haben: nicht die Engländer allein.

[1]) Vgl. Preyer's Sammlung physiol. Abhandlungen. Jena 1876. — Biolog. Centralblatt III. Bd. 1883. No. 15, 16, 17.

Die vorurtheilsvolle Stellung der Engländer in dieser Frage
haben wir schon mehrfach signalisirt [1]). Aber auch die englische
Specialwissenschaft beginnt international zu werden. Eine
Krisis steht bevor.

1) Zu den Kampf- und Streitartikeln, die seit dem Erscheinen meiner Abhandlung über den Blutkreislauf (Jena 1876) mir
zu Gesicht gekommen sind, gehört zunächst J. H. Bridges'
höchst interessanter Artikel: „Harvey und die Vivisection" [2]).

Als Motto setzt Bridges das wahre Wort Rob. Willis'
in der Sydenham Ausgabe von Harvey's Werken (p. LXVI):
„Die Thatsachen, von denen Harvey Gebrauch machte,
waren, die meisten von ihnen seinen Vorgängern seit einem
Jahrhundert, alle aber seinen Lehrern und unmittelbaren Zeitgenossen wohlbekannt und vertraut." Bridges steht im Streit:
Die königliche Commission hatte entschieden: Harvey
schulde seine unsterbliche Entdeckung vornehmlich (almost
entirely) der Vivisection. Bridges ist gegentheiliger Ansicht.
Und diese zu erhärten, dient seine Abhandlung.

Nachdem Bridges' Muth gerügt hat, dass es Mode geworden sei, Harvey's Gedächtniss mehr zu feiern, als das anderer
ebenso und höher verdienter Entdecker [3]), wirft er zunächst die
Frage auf, welche Aufgabe Harvey sich gestellt habe?

So sympathisch mich Bridges' zur Schau getragene wissenschaftliche Unbefangenheit anmuthet, kann ich doch gleich an-
fangs den Zweifel nicht unterdrücken, ob Bridges wirklich, wie
er vorgiebt, Harvey aufmerksam gelesen hat? Denn gleich der
Titel von Harvey's Hauptschrift wird falsch citirt. Sie lautet
Exercitatio anatomica de motu cordis et sanguinis, nicht aber
wie Bridges hinzufügt: circulatione.

Mit Recht erinnert nun Bridges daran, Harvey habe sich
hier eine Doppelaufgabe gestellt 1) die Herzbewegung, 2) den

[1]) „Harvey" in diesem Archiv 1880. Bd. 81 S. 114—157. — „Krit.
Bemerkungen über Harvey u. seine Vorgänger" in Pflüger's Archiv
1882. Bd. 28 S. 581—630 (Harvey, Lawrence, Sieveking, Huxley, Jenkins und R. Willis Ed. I.).
[2]) Fortnightly Review. No. CXV. New Series. July 1, 1876. p. 1—17.
[3]) Er nennt Archimedes, Kepler, Huygens, Lagrange, Lavoisier,
Bichat.

Blutkreislauf. Den letzteren habe Harvey nicht durch Vivisection bewiesen. Die Herzbewegung sei aber ohne Vivisection
theils schon damals bekannt gewesen, theils sollte sie es bald
werden: Harvey hätte also nicht nöthig gehabt, dazu die Vivisection anzuwenden.

Die Beschreibung des Herzens sei bei Vesal, De humani
corporis fabrica 1542, schon so vollkommen, dass Harvey nichts
hinzufügen konnte, als die Venenklappen, die aber Harvey's
Lehrer Fabricius schon entdeckt hatte (p. 3). Bridges versäumt es hier leider, die Ausgabe von 1542 mit der von 1555
zu vergleichen. Er versäumt daher auch zu notiren, dass, vor
dem Erscheinen von Servet's Restitutio, Vesal von der Undurchdringlichkeit der mittleren Herzscheidewand keine Ahnung
hatte[1]).

Doch betont Bridges, dass wir die Erkenntniss von dem
richtigen Wege des Blutes aus der rechten Herzkammer vermittelst der Lungen in die linke Herzkammer dem Opfer
Calvin's, Michael Servet, verdanken (1553). Unredliche Ver-
suche (disingenuous attempts) seien von denjenigen, welche
Harvey's Werk durch Leugnung seiner geistigen Abhängigkeit
(filiation) verherrlichen wollten, gemacht worden, um das Ansehen jener Männer zu schmälern. Aber Servet's Worte dulden
kein Zögern (admit of no hesitation p. 5). Es handelt sich hier
nicht um eine Vermuthung, welche die einen annehmen, die
andern verwerfen können, sondern um eine als wahr bewiesene
Entdeckung (a verified discovery). Damit war freilich nur die
Hälfte der Sache erledigt. Wie das Blut aus der linken in die
rechte Herzkammer zurückkomme, wurde nicht dargelegt. Vielmehr werde eine solche Rückkehr durchaus geleugnet (denied at
all). Es gebe keine Art Verbindung zwischen den Venenenden
und den Arterienanfängen (no connection whatever). Die Leber
sei es, welche die rechte Herzkammer mit immer neuem nahr-
haften Blut versorge."

Bridges beweist hier, dass er Servet's Restitutio ebenso
wenig gelesen hat wie den Urtext der citirten Stelle des Vesal.
Denn so fern ist Servet davon, die Rückkehr des Blutes nach

---

[1]) S. meine Abhandl. Jena 1876. S. 26 und Pflüger's Archiv 1884.
S. 489 fg.

seiner Ursprungsstelle zu leugnen, dass er vielmehr eben in der Restitutio (p. 160) ausdrücklich erklärt: immerdar kehrt jedes Ding zu seinem Ursprung zurück (semper enim unumquodque revertitur ad originem suam), von den Anastomosen spricht, durch die das geistige Blut aus den Arterien den Venen mitgetheilt wird; nie aber behauptet, dass durch die Venen das Herz das Blut zu den Theilen sende ....

Jenes fehlende Glied habe nun, meint Bridges, Harvey ergänzt und dadurch an die Stelle von Halbwahrheit und Irrthum die volle Wahrheit gesetzt[1]).

Bridges fragt sich zweitens: welcher Methode Harvey sich bedient habe? Da er nun aber hier auf Harvey's Vorgänger nicht zurückkommt, so hätte er vorher noch darauf hinweisen müssen, dass Servet's Schüler, Colombo, die Vivisection für den Blutkreislauf verwerthet, derselbe Colombo, den Harvey mehrfach citirt. Das Entscheidende wäre hier ja freilich, zu bestimmen, ob Harvey's Hauptmethode die Vivisection gewesen ist? Und das leugnet Bridges, zu Gunsten der Logik und insbesondere des biologischen Vergleichs (p. 6).

Harvey's Stärke liege erstens in seiner musterhaften Kritik der Anschauungen aller seiner Vorgänger (p. 8). Leider aber führt — und das übersah Bridges, weil er Harvey nicht selbst las — der grosse Britte nur äusserst selten einmal eine Meinung seiner Vorgänger an (previous views). Und gerade das ist ein Mangel an Harvey, dass er es versäumt, die früheren Meinungen aufzuführen, zu beleuchten und zu berichtigen. Servet, Cesalpin, Sarpi und viele Andere nennt er nicht einmal mit Namen.

Harvey's zweites Verdienst wäre, nach Bridges, dass er zuerst eine Hypothese aufstellte, welche alle Thatsachen in ihrem Zusammenhang erklärte. Und in der That, das ist Harvey's unermessliches Verdienst.

Drittens, dass er diese Hypothese durch eigene Beobachtungen unterstützte. Er sei einer der grössten Meister im Vergleichen (comparison) gewesen. Dabei spiele die Vivisection nur eine untergeordnete Rolle. Aus der Gleichheit der Structur

[1]) Letzteres ist nicht zu leugnen. Klar wird der ganze Vorgang erst durch Harvey.

schloss er auf die Gleichheit der Function. Den ganzen Blutkreislauf schliesst und beweist Harvey durch Logik und bio-
logische Vergleiche.

Nur für die Herzbewegungen zog er die Vivisection
hinzu (p. 9). Und hier wieder mit zwei wichtigen Beschrän-
kungen: 1) um die Bewegungen recht zu beobachten, muss man
warten, bis das Thier dem Tode nahe ist; 2) um den normalen
Stand der Bewegungen zu sehen, muss man auf der Stufenleiter
des Lebendigen bis zu den Kaltblütern, dem Frosch, der Schnecke,
der Schildkröte, den Fischen heruntersteigen. Aus beiden aber
könne man nicht den Blutkreislauf erkennen, sondern nur die
Herzbewegung (p. 10). Harvey's Rechenexempel beweisen mehr
als seine Vivisectionen. Sein tiefes Nachdenken besonders über
die von seinem Lehrer entdeckten Venenklappen hat ihm das
Fehlende ergänzt. Auch ist Harvey nicht, wie einige wähnen,
der erste gewesen, der Vivisectionen hinzuzog. Was an Herzbewegung Harvey aus der Vivisection einer Schnecke bewies[1]),
hatte er zuvor besser bewiesen aus dem Verband des Oberarms
eines Menschen. Jahrhunderte vor Harvey war die Thatsache
bekannt. Aber er zuerst legte den Sinn aus (p. 12). In der
That, schon de la Reyna (1532), Valverde (1556), Carlo
Ruini und Andreas Caesalpin haben den Hergang selber beschrieben: den vollen, letzten Sinn aber nicht gefunden.

Auch die Verschiedenartigkeit des Blutaustritts bei der Ar-
terien- und dann wieder bei der Venenöffnung und die darauf
beruhende Verschiedenartigkeit des Verfahrens beim Aderlass,
je nachdem es sich um eine Vene oder aber um eine Arterie
handelt, sei tausend Practikern alle Tage bekannt gewesen. Auch
dazu hätte also Harvey keiner Vivisectionen bedurft.

Um für den sehr complicirten Apparat der Structur der
Organe unseres Körpers die entsprechende Function, wie Harvey
that, aufzufinden, dazu gehörte sehr viel scharfsinniges Nachdenken, Combinationsgabe, kühne Einbildungskraft (the imagina-
tive audacity p. 13), aber die unmittelbare Beobachtung spielte
dabei eine sehr untergeordnete Rolle (direct observation played
a very secondary part p. 14). Ueberhaupt hat den Strom des

---

[1]) Doubtless this experiment was instructive.

Blutes von Punkt zu Punkt nie ein Vivisector gesehen und kann ihn nicht so verfolgen, wie etwa ein Entdecker einen afrikanischen Strom verfolgt: denn er läuft eben von Anfang bis Ende in unsichtbaren, weil geschlossenen Kanälen. Somit war die Vivisection unnütz wie zur Entdeckung, so, meint Bridges, gerade auch zur Bewahrheitung des Blutkreises (p. 14). Ja gerade darin bestehe Harvey's grosse geistigen Vollendung, dass er klar und entschieden das hinstellt, was er nie gesehen hat[1]); denn die Vereinigung der Venenenden mit den Arterienanfängen konnte er nie sehen, da er vom Mikroskop nichts wusste (p. 15). Das vorzügliche Verdienst Harvey's bestehe eben darin, die erdenkbar beste Hypothese gefunden zu haben[2]). Harvey habe die Natur nicht viel um neue Antworten gebeten, sondern er habe das längst Gegebene äusserst geschickt combinirt.

Ueberdies ging Harvey nur da, sagt Bridges, mit Vivisection vor, wo er die Structur und die organischen Beziehungen der Theile auf's aller genaueste vorherkannte. Er sei nicht in Originaluntersuchung vernarrt gewesen, was die Originalsünde vieler heutiger Forscher sei ....

Der zweite Unterschied sei der, dass Harvey's Zeit mit allen Arten grausamer Liebhabereien vertraut gewesen sei. Bis in unser Jahrhundert hätten sich nur wenige verschleppt. Harvey's Zeitgenosse war Descartes, der die Thiere für Maschinen ausgab. In Darwin's Zeit aber, der Zeit des socialen Organismus und der Führung (conduct) des Individuums, müsse man die Frage aufwerfen, ob die Heilbarkeit einer einzigen Krankheit[3]) durch lebendige Zerschneidung einer unzählbaren Schaar von Thieren nicht[4]) zu theuer erkauft sei (p. 17)?

Die Verwandtschaft mit uns, in welche die Thierrassen durch die Wissenschaft gebracht worden sind (brought into com-

---

[1]) Auch Galen stellte die Poren des Septum, die Parallel-Anastomosen u. a. hin, was er nicht gesehen hatte. Nur entsprechen diese Thesen eben nicht der Wirklichkeit. Entschiedenheit allein nützt wenig.

[2]) Bridges stellt hier den Satz auf, the great thinker is distinguished from other men by his superior power of building an hypothesis.

[3]) z. B. Phthisis, Diphtheritis, Typhus, Cholera?

[4]) nein; so gewiss nicht, als der Mensch zum Herrn der Thiere gesetzt ist.

panionship with us), werde allmählich nachwirken auf den grausamen Sport der Vivisection (p. 17). So Bridges.

Wir meinen, dass der Darwinismus, der doch auch nur noch eine Hypothese ist, ebenso wohl Basis und Halt bieten kann für die Ansicht, dass die niederen Rassen den höheren geopfert werden dürfen. So erwünscht uns die gänzliche Abschaffung der Vivisection wäre, so meinen wir, dass sie vorläufig für die Physiologie noch so unentbehrlich ist, wie der Krieg für den Staat. Allein in Betreff Harvey's scheint uns Bridges seine These richtig bewiesen zu haben, dass Harvey aus der Vivisection für den Blutkreislauf so gut wie nichts, für die Herzbewegung wenig neues gelernt hat.

Jedenfalls beginnt mit Bridges' Abhandlung für die Würdigung Harvey's eine neue Epoche in England, die Epoche der Würdigung ausländischer Leistungen neben Harvey, der internationalen Wissenschaft, der Objectivität.

2) Auf diesem Wege der internationalen Wissenschaft betr. der Entdeckung des Blutkreislaufs bewegt sich auch der in weitesten Kreisen vortheilhaft bekannte surgeon of the Queen's hospital zu Birmingham, Sampson Gamgee, Verf. eines trefflichen Buches über Kniewunden und anderer Schriften. Er hat vier Artikel geliefert in The Lancet unter der Ueberschrift: Harvey und Cesalpin[1]. Sein Gegner ist Ceradini[2].

Gamgee weist zunächst darauf hin, dass Ceradini, indem er Cesalpin auf Kosten Harvey's zum Entdecker des grossen Kreislaufs macht, nur Moreri's Ansicht vom Jahre 1732 erneuert. Mir aber, fährt er p. 676 fort, erscheint es unwiderleglich (unanswerable) durch den Entscheid seiner Zeitgenossen und unmittelbaren Nachfolger, dass Harvey als der Entdecker des Blutkreislaufes galt und sie, die Welt, lernten die neue Lehre von ihm." Gamgee hat recht. Harvey ist der erste, der über Herz- und Blutbewegung ein Buch geschrieben hat und seitdem dies alles frühere weit übertreffende Buch geschrieben war, hat jeder der den Blutkreislauf aus einem

[1] Lancet: Journal of british and foreign Medicine. London 1876. II 676 sq. cf. II 663. — Anders: Some debatable questions. Birmgh. 1883.

[2] Qualche appunto storico-critico intorno alla Scoperta della circolazione del sangue. Genova 1875. Gr. 8vo 219 Seiten.

Buche lernen wollte, ihn nicht aus den Stückwerks-Darstellungen und Episoden der Schriften seiner Vorgänger, sondern aus dem Meisterwerke Harvey's selbst gelernt. Mit der Frage nach der Entdeckungs-Priorität hat diese These Gamgee's nicht das geringste zu thun.

In einem zweiten Artikel (Lancet. 1876. II. 743 fgd.) meint Gamgee, im Unterricht über jenen Gegenstand sei Cesalpin nicht sonderlich vorgerückt. Ceradini's Empfehlung des Cesalpin sei prima facie zu enthusiastisch, um mit der kühlen Strenge eines unpersönlichen Urtheils sich zu vertragen. Gilt aber, erwidern wir, dann nicht dasselbe von der grossen Masse der Harvey-Jubilanten, die Harvey noch über Hippokrates und Galen, über Luther und Melanchthon, über Baco und Descartes, Spinoza und Kant erheben möchten? Uebrigens lobt Gamgee mit Recht den Fortschritt, welchen die inzwischen erschienene Umarbeitung der Arbeit Ceradini's[1] (Milano 1876) bekundet, und macht seine Verbeugung vor den Gönnern Ceradini's, den Professoren Scalchi — soll heissen F. Scalzi — und (C.) Maggiorani.

Da nun aber Harvey's Vertheidigung im Lancet sehr schwächlich zu werden drohte — Robert Barnes hatte 1876, II, 805 den Flourens[2] und Stephen Mackenzie 1876, 840 den Dr. Whewell[3] zu Hülfe gerufen dafür, dass Harvey den grossen, Servetus und Realdus Columbus aber den kleinen Kreislauf (pulmonary circulation) entdeckt hätten — so trat Sampson Gamgee am 20. Januar 1877 (I, 81 sq.) mit einem dritten Artikel auf die Arena, angesichts von Ceradini's Difesa[4]), durch die nun Gamgee indirect auch von meiner Abhandlung erfuhr.

Ceradini hatte die Difesa p. 6 gleich damit begonnen, sich bei Gamgee zu bedanken, dass er seine Monographie eine

---

[1] La scoperta della circolazione del sangue. Milano 1876. Gr. 8vo 332 Seiten.

[2] Histoire de la découverte de la circulation du sang. Paris 1857.

[3] History of the inductive Science p. 396.

[4] Difesa della mia memoria intorno alla scoperta della circolazione del sangue contro l'assalto dei signori H. Tollin teologo in Magdeburg e W. Preyer fisiologo in Jena. Genova 1876. Gr. 8vo 165 Seiten. Es ist gegen meine Abhandlung bei Preyer (s. oben) gerichtet.

fleissige (elaborate) genannt und kommt auch sonst in der Difesa
auf Gamgee zurück (p. 160 sq.). Dennoch bezeichnet Gamgee
die Difesa als eine aus Verliebtheit in ihren Helden närrisch
einseitige Abhandlung (fondly partial to his hero). Bei
alle dem sei sie zu deutlich eingegeben aus Liebe zur Wahrheit,
innerlich zu gehaltvoll (too intrinsically weighty) und von zu
grosser Wichtigkeit für Europa (througout Europe), um ohne ernste
Betrachtung beseitigt zu werden." Hier wird der kühle Gamgee
selber Enthusiast. Wenigstent hat, so weit ich bemerkt habe.
Europa auf die Difesa nicht viel geachtet[1]). Und auch für die
beiden Vorgängerinnen muss Europa nicht sehr viel Aufmerk-
samkeit gehabt haben. Sonst hätte Ceradini nicht nöthig gehabt, sich als Autorität, die für ihn eintrete, auf die bleiernen
Ausrufungs- und Fragezeichen des berühmten Professor Ludwig
in Leipzig zu berufen, noch auch wohlwollende Aeusserungen aus
Privatbriefen (von Professor Preyer und mir) öffentlich der Difesa
(p. 146, 164) einzuverleiben. Aber wie kommt Gamgee zu
seinem plötzlichen Enthusiasmus? Er sagt es uns selbst. Die
Cesalpini-Feier in Rom, wo die medicinische Akademie vor
versammelter Universität, in Gegenwart des italienischen Er-
ziehungsministers, sich zu Gunsten Cesalpin's bekannte. Darum
muss Ceradini, Cesalpin's Vertheidiger, nunmehr ein höchst
strebsamer Gelehrter, ein ganz besonders scharfsinniger und
furchtbar beredter Advocat sein. Gamgee's, des kühlen Britten,
Enthusiasmus geht hier mit ihm durch. Wir meinen, dass jedes
Volk gern glaubt, was es wünscht; dass jedes Volk dankbar sich
nach den Ergebnissen streckt, die ihm schmeicheln. Die
Cesalpin-Feier war eine Befriedigung nationalen Hochgefühls.
Wissenschaftlichen Werth hat sie keinen. Cesalpin ist nicht
darum der Entdecker des Blutkreislaufs, weil man ihm in Rom
ein Denkmal setzt, ebenso wenig wie Servet darum ein Ver-
brecher ist, weil man ihn in Genf verbrennt. Von der Babylonier
und Alexander's Zeiten her giebt es sehr viele Steine, die da
lügen; auch Scheiterhaufen, die unsterblich machen.

Ebenso weit entfernt aber bin ich, den Italienern ihren

[1]) Ein Artikel in Bizzozero's Archivio ist meines Wissens der einzige
in Europa, der Ceradini beipflichtet. Die Zurückweisung s. in
Pflüger's Archiv 1884. S. 483—493.

Weltruhm schmälern zu wollen. Willig und freudig erkenne
ich an, wie Grosses auf den Gebieten aller Künste und Wissen-
schaften Italien geleistet hat[1]). Und gern unterschreibe ich
Gamgee's Wort: „Harvey's italienische Meister sind die
Gründer, Schöpfer, Sonnen jener grössesten anatomischen Schule,
welche die Welt je gekannt hat." — Allein gerade weil Italien
für die Anatomie und Physiologie so Herrliches geleistet hat,
unter dem Schutz seiner Dogen, Fürsten, Erzbischöfe und Päbste,
darum bedarf es zu seinem Ruhmestitel nicht, dass man Colombo zum Entdecker des kleinen, Cesalpin zum Entdecker
des grossen Kreislaufes macht.

Am deutlichsten aber zeigt sich des kühlen Britten heiss-
blütiges Urtheil da, wo er die Frage der Entdeckungspriorität
zur Beantwortung bringen soll. Der Trunkene sieht alles um
sich trunken. Der heisse Streit, meint Gamgee, habe das
geistige Gleichgewicht der Deutschen gestört (disturbed the mental
balance of the Germans p. 81 b.). Man lauscht auf. Was hat
die Frage, ob der Entdecker des Blutkreislaufs ein Spanier oder
ein Italiener oder aber ein Engländer war? mit Deutschlands
Ehre, Ruhe und geistigen Wünschen zu thun? Wenn irgend ein
Volk befähigt ist, mit Unparteilichkeit zwischen Servet, Valverde und La Reina, zwischen Colombo und Sarpi, Rudio
und Ruini, Cesalpin und Harvey zu entscheiden, so ist es
Deutschland. Sonderbar genug (curiously enough), meint selbst
Gamgee. Und wie beweist er nun seine These? Für ganz
Deutschland mit dem Beispiel eines einzigen Deutschen, und
dieser eine ist nicht etwa der Repräsentant von Deutschland,
noch auch der Führer auf irgend einem deutschen Hauptgebiet,
eine Koryphäe etwa in der Anatomie oder Physiologie, sondern
ein ganz obscurer Pastor in einer Provinzialstadt. Zu lebhaft,
wie Gamgee meint, nimmt der Pastor Partei in dieser schwe-
benden Zeit- und Streitfrage, und ein junger physiologischer Professor auf einer der kleinsten deutschen Universitäten hat die
Liebenswürdigkeit, der geschichtlich-kritischen Abhandlung des
Laien mit einigen Anmerkungen zu secundiren. Das ist der

---

[1]) S. „Die Italiener und die Entdeckung des Blutkreislaufs" in diesem
Archiv 1883. Bd. 93 S. 64 fgd.

Sturm im Glase Wasser, durch den Deutschland sein Gleichgewicht verloren haben soll! Mit wie viel mehr Recht würde ich da behaupten, England hat sein geistiges Gleichgewicht verloren, indem der weit berühmte surgeon of the Queen's hospital, der auf so manchen Gebieten England mit Glanz vertritt, Sampson Gamgee vergisst die ihm sonst so wohl stehende kühle Besonnenheit und ihm so natürliche liebenswürdige Höflichkeit, bis zu dem Grade, dass er ganz Deutschland beleidigt und aushöhnt, weil ihm eines einzelnen unbekannten Deutschen einzelne Aeusserung nicht behagt. Doch nein, ich sage lieber: interdum bonus dormitat Homerus. Weiss ich doch, dass England nicht durch Gamgee allein vertreten wird.

Doch was war die Ursach zu dem maasslosen, um nicht zu sagen vermessenen Urtheil des Britten? Die Ursach war, dass er sich verpflichtet fühlte, über ein deutsches Buch öffentlich in die Posaune zu stossen, das er nicht gelesen hatte.

Gamgee hatte keine Ahnung, dass ich in meiner Abhandlung über den Blutkreislauf einen Mann nicht kenne, der 1507 zu Villanueva in Arragonien geboren wäre, sondern darin von dem 1511 im Navarrischen Tudela geborenen Verfasser der Christianismi Restitutio rede. Gamgee hatte keine Ahnung, dass Servet weit entfernt, das Geheimniss der Dreieinigkeit mit der Naturwissenschaft versöhnen zu wollen und für dieses durchaus hoffnungslose Unternehmen (utterly hopeless) Ruf und Leben in die Schanze zu schlagen, vielmehr, woran ich dort erinnerte, Antitrinitarier war in allen seinen theologischen Schriften, als Antitrinitarier verbrannt wurde und als Hauptgründer einer Secte dasteht, welche eben jene Unvereinbarkeit zu ihrem Grunddogma macht. Gamgee kannte nicht einmal den Wortlaut der dort von mir ausgehobenen berühmten Stelle Servet's über den Lungenkreislauf, geschweige die daneben ausgehobenen Stellen über das Hirn und den Fötus. Ihm genügen vollauf die wenigen Preyer-Tollin-Citate aus Ceradini's Difesa. Daraus macht er sich die Vorstellung zurecht, ich sei gegen Ceradini ein gar zu strenger Kritiker (very severely critical), aber doch immerhin gelehrt und auch wissenschaftlich zurechnungsfähig (responsible), ja sogar ein ausgezeichneter Philologe (such a distinguished philologist). Darum müsse er die Gründe prüfen, die wir für eine längst sorgfältig geprüfte und, man sollte doch glauben, siegreich überwundene Sache anzuführen wüssten.

Diese Prüfung macht sich nun mein liebenswürdiger und berühmter englischer Freund sehr leicht. „Selbst wenn man annehmen wollte, sagt er, dass Servet den Lungenkreislauf kannte (pulmonary circulation), so hat Tollin kein Recht, ihn den Entdecker des Blutkreislaufs zu nennen." Diese Bemerkung wäre schwerlich gemacht worden, hätte Gamgee meine Abhandlung gelesen und den deutschen Sprachgebrauch gekannt. Hätte er meine Abhandlung gelesen, denn darin schreibe ich Servet nirgend das zu, was die Engländer den Blutkreislauf nennen. Hätte Gamgee den deutschen Sprachgebrauch gekannt: denn der kennt einen grossen Kreislauf und einen kleinen Kreislauf. Dass Servet ersteren klar gekannt habe, behaupte ich nirgend. Derartige Missverständnisse würden vermieden werden, wenn man in solchen Dingen, behufs internationaler Verständigung, die Fremdwörter, wo sie technisch geworden sind, beibehielte. Besitzen wir doch im Deutschen für den Begriff „durch die Lunge hindurch" kein Adjectiv: Lungenkreislauf aber bezeichnet ebenfalls das eigentlich Laufende nicht, das Blut. Darum ist es im Deutschen hergebracht, vom kleinen Blutkreislauf zu reden und vom grossen Blutkreislauf. Aber ich leugne nicht, dass die Ausdrücke unzutreffend sind, da man richtiger nur von einem einzigen Blutkreislauf reden dürfte, der sich theilt in einen oberen Bluthalbkreislauf und einen unteren Bluthalbkreislauf. Servet hat aber deutlich nur den oberen Halbkreislauf des Blutes beschrieben.

Die lateinische Sprache mit ihren Tochtersprachen denkt hier logischer als der bisherige deutsche Sprachgebrauch. Doch musste ich mich letzterem fügen. Und deshalb sprach ich, an den „kleinen" Blutkreislauf denkend, schon auf dem Titelblatt Servet die Entdeckung des (nehmlich kleinen) Blutkreislaufes zu.

Nun aber beginnt Herrn Sampson Gamgee nicht nur die genaue Sachkenntniss, sondern auch die Logik zu versagen. Er wiederholt, das Buch Servet's Restitutio sei — Nichtkenner haben das aufgebracht — ein seltsames Gemisch von geistvollen Speculationen und offenbaren Absurditäten, ein wenig physiologische Wahrheit einverleibt in ein Labyrinth anatomischer Irr-

thümer." Und daraus soll dann folgen, dass Servet keine Be-
deutung hat. Zunächst steht es nach den neuesten Forschungen
umgekehrt. In meinem Lehrsystem Michael Servet's¹) habe
ich gezeigt, dass Servet's Restitutio eine Schatzkammer der
tiefsten Wahrheiten ist, und diese Ansicht gewinnt immer mehr
Raum in der Presse von Deutschland, der Schweiz, England,
Frankreich, Spanien, Ungarn, Amerika und anderer Länder.
Sodann aber frage ich, soll man denn auf den nicht mehr hören,
dessen Wahrheit mit Irrthum verquickt ist? Wo giebt es dann
einen unfehlbaren Schriftsteller? Wenn Servet Galen's An-
sichten über die Nerven und über das Hirn theilt, nur selten
von ihm abweichend, finden wir nicht, bei anderen gleichzeitigen
Schriftstellern, bald mehr, bald minder bewusst, dieselben „physiologischen Phantasien" wieder; bei Vesal und Fernel,
Günther von Andernach und Ambroise Paré, Colombo
und Cesalpin? Harvey sieht die Leber als den Sitz des
Blutes an, betrachtet den Chyluskreislauf als eine colossale
Dummheit, kann die himmlischen Geister und des Blutes ster-
nenhaftes Element bis zu seinem Tode nicht entbehren und be-
geht manche andere Irrthümer. Ist wegen solcher „Unverständ-
lichkeiten" der ganze Harvey untauglich? Bei den grossen
Männern sind die Seltsamkeiten nur die dunkle Folie, welche
ihr strahlendes Lichtbild desto schöner hervorheben. Colombo
stellt seine Phantasien in den Dienst der Kirche, Cesalpin
und Harvey ihre Phantasien in den Dienst des Aristoteles,
Servet seine Phantasien in den Dienst der Bibel. Wollen wir
darum die Andern freisprechen und Servet verdammen? Verzeihen wir getrost ihre Irrthümer den grossen Männern der Vor-
zeit, und man wird, so lange wir die Wahrheit suchen, auch
uns unsere Irrthümer verzeihen.

Fremdartig (strangely enough) kann es daher (sobald man
davon ausgeht, dass mir an der Wahrheit liegt) niemand erscheinen, dass ich, obwohl für Servet eintretend, erkläre,
„Servet rede nicht deutlich genug von dem grossen Kreislauf; diesen, den doppelten Kreislauf habe vielmehr erst
Cesalpin beschrieben". Noch heute halte ich an ersterem fest.

¹) Gütersloh bei Bertelsmann. Bd. I 1876, Bd. II und III 1878.

Leider beschrieb ihn Cesalpin nur als Ausnahme, nicht als Regel. Und darum steht Cesalpin, wenn er ihn auch als Ausnahme entdeckte, hinter Harvey zurück. Uebrigens gebe ich Gamgee zu, dass sich eine Benutzung Servet's durch Harvey zu keiner Augenscheinlichkeit (no evidence) bringen lässt[1]), während Harvey seine volle Kenntniss des Werks von Servet's Zeitgenossen Realdus Columbus eingesteht. Ist aber Harvey in dem sog. Lungenkreislauf von Colombo abhängig, so ist er es indirect auch von Servet, den Colombo ausschreibt[2]). Beiläufig weist Gamgee darauf hin, dass vom sog. Lungenkreislauf Ruini weniger wusste, als Servet und Colombo.

Indess Sampson Gamgee hat das Glück gehabt, mit der Hülfe von Rev. A. R. Vardy die Ceradini-Citate aus Cesalpin endlich[3]) auch nachschlagen zu können. Er stimmt mir nunmehr in einem vierten Artikel[4]) offen bei, dass die Stellen nicht beweisend sind. Bei No. 10 sagt er: „die Stelle ist so wichtig, dass ich das Original hersetze." Sein Ergebniss aber geht zuversichtlich (confidently) dahin, dass sich die Stelle Cesalpin's nicht vertrage mit einer Kenntniss vom wirklichen Hergang der Natur bei dem Blutkreislauf, wie er von Harvey gelehrt wird. Das Schlussresultat aller vier Abhandlungen fällt günstig für Harvey aus; denn Servet und Colombo wussten vom eigentlichen Kreislauf nichts, Cesalpin's Werke aber sind dunkel, schlecht geordnet[5]) und ohne Evidenz (obscure, ill-arranged and deficient in evidence).

Uebrigens hat auch, als er den vierten Artikel schrieb, Sampson Gamgee meine Abhandlung noch nicht gelesen, sonst würde er nicht hier, wo er dem Michael Servet schon am günstigsten gestimmt ist, betreffs des Septum cordis nur er-

---

[1]) Eine gewisse Wahrscheinlichkeit habe ich bewiesen in diesem Archiv 1880. S. 114 fgd. und Pflüger's Archiv 1882. S. 581 fgd.

[2]) Ueber Colombo's Antheil an der Entdeckung des Blutkreislaufs s. dieses Archiv 1883. Bd. 91 S. 39—66. — Vgl. Matteo Realdo Colombo in Pflüger's Archiv 1880. Bd. 22 S. 262—290 und Bd. 21 S. 349—360.

[3]) Wir fangen bei der Quelle an; Gamgee zieht es vor, bei ihr zu enden.

[4]) Lancet 1877. I. 158—161.

[5]) Es wäre ein grosser Fortschritt, wenn alle modernen Werke die dialectisch-klare Ordnung hätten wie die Caesalpin's.

klären, Servet trete der Löchertheorie ebenso klar und mit geradeso guten Gründen (quite as plainly and for as good reasons)
entgegen als Realdus Columbus, ohne zu erwähnen, dass
Vesal, wie ich zuerst bewiesen habe, die Undurchdringlichkeit
der Herzscheidewand erst aus der Restitutio Servet's gelernt
hat. Auch würde Gamgee, wenn er Servet's merkwürdige
Autoritätenfreiheit, Cesalpin's reichhaltige Experimentalerfahrung
und Harvey's Aristotelismus gekannt hätte, seine letzte Abhandlung nicht mit der Behauptung geschlossen haben: „Aus dem
Grunde, dass (it was because) Servet" (der wüthende Gegner
der Schul-Dreieinigkeitslehre!) „das Geheimniss der Dreieinigkeit
mit den Gesetzen der organischen Welt zu versöhnen (to recon-
cile) versuchte; aus dem Grunde, dass Cesalpin, ein geschwo-
rener Feind Galen's, ein sklavischer Bewunderer des Aristoteles, ein Teufelsgläubiger war und unter dem Joch der damals
herrschenden Satzungen der römischen Kirche stand" — gewiss
eine wenig zutreffende Schilderung gerade des Cesalpin — „aus
diesem Grunde wurden sie verhindert da, wo sie viel sahen,
mehr zu sehen. Und deshalb hat auch Cesalpin den wirklichen Hergang beim Kreislauf weder je gekannt noch bewiesen."
Nach derselben Methode könnten die Katholiken schliessen: Aus
dem Grunde, weil Harvey ein ketzerisch beschränkter Leibarzt
eines ketzerischen Königs war, und nicht, wie Aselli, Pecquet,
Malpighi, Katholik, so sah er wohl den Blutkreislauf, wurde
aber verhindert, die lymphatischen Gefässe, den Chyluskreislauf
und die Blutkörperchen im capillaren Kreislauf zu sehen.

Gamgee's Abhandlungen leiden an einem heut zu Tage
nicht blos in England verbreiteten Mangel, an dem Mangel eines
gründlichen Geschichtsstudiums, der durch sogenannte Geist-
reichigkeit schlecht verdeckt wird. Man sollte doch nicht da
Hypothesen wagen, wo man noch mit Thesen arbeiten könnte,
falls man tiefer gräbt. Dennoch sind Gamgee's Artikel wichtig
genug für die geschichtliche Würdigung Caesalpin's: denn hier
redet endlich wieder die Quelle.

3) Weit bedeutender als Gamgee, ja selbst als Bridges,
oder vielmehr das Anzeichen einer vollständigen Wiedergeburt
der öffentlichen Meinung in England über Harvey und seine
Vorgänger ist das neue Buch meines jüngst verstorbenen Freun-

des, Robert Willis. Ein fast klassisches Ansehen erreichte
seine Sydenham Ausgabe von Harvey (1847), und seine Vorrede[1]) wurde wie ein Evangelium citirt. Durch Lesung einer
Recension über meine Servet-Studien (Nippold), insbesondere
aber mit dem fortschreitenden eignen Lesen meiner Abhandlung
über den Blutkreislauf[2]) hat Willis seinen Standpunkt von
Grund aus geändert. Colombo ist ihm nun ein Plagiator
Michael Servet's, Michael Servet zwischen Galen und
Harvey das grösste physiologische Genie. Und von
Harvey sagt er[3]): „Hätte man gestattet, dass Servet's Restitutio in diese Welt hinausgeht und in die Hände der Anatomen gelangt" — 998 Exemplare sind in die Welt gegangen,
unzählige davon nach Italien, viele nach Padua[4]) — „so können
wir kaum annehmen, dass die jetzt so treu und wohlverdient
an den grossen Namen Harvey's sich anknüpfende Unsterb-
lichkeit diesem geblieben wäre." — „Servet ist der Geist-
verwandte unserer Baco, Newton und Harvey", „der Herold
einer neuen Aera in der medicinischen Wissenschaft. Harvey
hatte in Wirklichkeit keinen eigentlichen Vorgänger ausser
Michael Servet." „Es ist unmöglich zu sagen, mit welchem
Betrage unabhängigen Denkens, fruchtbarer Eingebungen und
neuer Wahrheiten Servet die Welt bereichert haben würde,
wäre er nicht in der Blüthe seines Alters abgeschnitten (cut of)
worden." „Servet's Physiologie über den Lungenkreislauf liess
seinen Nachfolgern nichts hinzuzufügen." „Vesal war ein blosser
Aufsammler von Thatsachen, Servet ein Denker." „Servet"
— nicht Vesal — „hat die Undurchdringlichkeit der mittleren
Herzscheidewand entdeckt." „In Colombo findet sich nichts
Neues, was nicht schon in Servet war." „Harvey, ein Mann
von sehr hoher Schulbildung, zeigt sich vertraut mit alle dem,
was seit Aristoteles und Galen über Anatomie geschrieben

---

[1]) Vgl. „meine Kritischen Bemerkungen" in Pflüger's Archiv 1882.
S. 593 fgd. und ebenda 1884. S. 1—21. Bd. XXXIV.

[2]) Geschichte der Entdeckung des Blutkreislaufs, 1876, Jena bei Dufft, in
Preyer's Sammlung physiologischer Abhandlungen.

[3]) William Harvey. London. C. Kegan Paul & Co. 1878. 350 Seiten.
Gr. 8vo. S. 213. 69. 83 fgd. 343 fgd. 276 fgd. 230. 162. 157 fgd. 269.

[4]) Vgl. meine Abhandl. in Pflüger's Archiv. 1884. S.484 fg. Bd.XXXIII.

worden war. Er las Servet, Colombo, Caesalpin. Er be-
nutzte alles und jedes. Theologisch war er höchst wahrscheinlich (most probably) Socinianer" — aus der Schule Servet's.
Die Ursache der verschiedenen Farben des Bluts hätte Harvey
aus Servet lernen können, gerade wie die Ursache der Lebens-
wärme. Harvey zieht eine irrthümliche Schlussfolge vor (an
erroneus conclusion). Seine Idee vom systematischen Blutkreislauf hat Harvey „im Keime" aus Italien mitgebracht. Ohne
Padua würde Harvey sein Leben „ohne Verbindung seines
Namens mit dem Blutkreislauf" hingebracht haben. Harvey
hat die Verbindung der Venenenden mit den Arterienanfängen,
hat den systematischen Kreislauf des Blutes nie gesehen. Er
hat ihn geschlossen und „als Naturnothwendigkeit bewiesen,
nicht als Thatsache". „Die Thatsachen, auf denen Harvey
fusste, waren allgemein seinen Vorgängern seit einem Jahrhundert bekannt." Die Begründung ihres inneren Zusammenhangs
verdanken wir zuerst und allein dem Meistergeist William
Harvey's. Er ist ein Entdecker, „nicht wie Columbus,
sondern wie Kopernicus".

4) Mit Willis' internationaler Stellung empfiehlt es sich
als Ergänzung zu vergleichen den Aufsatz von Alexander
Gordon, des grössten lebenden Servet-Kenners in England.

Wie ihn seine Liebe für Servet nicht hindert, Calvin's
herrliche Eigenschaften, Frömmigkeit und Charakterstärke zu
würdigen, so brauchen wir auch nicht zu fürchten, dass der
Britte aus Vorliebe für den Spanier ungerecht gegen den grossen
Britten wird. Gordon's oberste Tendenz ist geschichtliche
Treue, frei von Vorurtheil der Confession oder der Natio-
nalität. Dabei besitzt er den Scharfblick auch auf fremdem
Gebiet, durch Vergleich des Verwandten und Markirung des Verschiedenen, schnell sich zurechtzufinden.

In seinem Miguel Serveto-y-Revés[1]) interessiren uns hier
nur diejenigen Stellen, welche Bezug haben auf die Geschichte
der Entdeckung des Blutkreislaufs.

Gordon brandmarkt des Rob. Willis Abhängigkeit von
meinen Schriften und sein Spreizen mit Titeln meiner Abhand-

---

[1]) The Theological Review. Vol. XV. London. p. 281—307. 408—443.
April und Juli 1878.

lungen, auch da, wo er sie nicht einmal gelesen hat (p. 282 fgd. 294 u. öft.)[1]), bedauert Huxley, dass er den Servet blos darum verdammt, weil es ihm zu viel Mühe gekostet hat, Servet's Restitutio durchzulesen (p. 416) und weist Dr. W. B. Richardson's verbrauchte Redensart zurück, als ob Servet's berühmte Stelle über den Blutkreislauf in jedermanns Händen wäre, da doch in Wahrheit das nur von ein oder zwei Sentenzen gilt (p. 417).

Um die so oft besprochene Stelle der Restitutio erwirbt sich Alexander Gordon ein Verdienst, indem er zum ersten Male aus dem viel geschätzten Codex Lavallière die Varianten zu vergleichen sich unterzieht. Er hält den Codex für eine Handschrift von hohem kritischen Werth: einerseits, weil er uns die Restitutio vor die Augen stelle, wie sie gedruckt worden wäre, hätte Calvin nicht das ihm von Servet 1546 übersandte Manuscript unterschlagen; andererseits wegen des inneren wissenschaftlichen Gehalts der abweichenden Lesarten.

Da es wegen der bekannten Dunkelheiten jener Stelle Servet's auf seine ursprüngliche Meinung gar sehr ankommen würde, so müssen wir hier auf Gordon's Gedanken eingehen. Würde doch Servet's Entdeckung des Lungenkreislaufs um wenigstens sieben Jahre (1546) zurückdatirt, wenn Gordon's Annahme zutrifft. Uebrigens ist diese Annahme nicht neu. Magnus Krusius, Allwoerden (1727), Mosheim (1748), La Vallière, du Fay, de Bure und andere Gelehrte halten dies Manuscript der Pariser Nationalbibliothek[2]) für ein Autograph Michael Servet's, das dieser 1546 aus Vienne, sei es nach Genf an Calvin, sei es nach Italien an seine Freunde versandt habe. Dass Servet 1546 seine Restitutio Christianismi handschriftlich versandt hat, u. a. an Calvin, steht fest. Nun aber hat dies Pariser Manuscript mit Servet's Hand, die ich in Genf oft gesehen, nicht die geringste Aehnlichkeit. Das hätte nicht bestritten werden sollen. Mich freut daher, dass Alfred Steinthal,

---

[1]) Er arbeitete nach Nippold's Referat I über meine Studien, in der Jenaer Literatur-Zeitung 187. Referat II kannte er nicht.

[2]) im Catalogue de la Bibliothèque La Vallière trug es No. 912; in der Pariser öffentlichen Bibliothek führte es 1858, als ich es durchsah, No. 162: „Bibl. Lavallière".

der sich diesen Codex hat abschreiben lassen, und Alexander
Gordon, natürlich auch der von letzterem abhängige Charles
Dardier jenen alten Irrthum aufgegeben haben. Original ist
der Codex nicht. Doch sei er eine Abschrift des Originals von
1546, meint Gordon (p. 417).

Die Inschrift Cael. Hor. Cur. findet sich nämlich auf einem
Fetzen von vergilbtem Papier dem jetzigen (späteren) Deckel
des Pariser Unicum eingefügt. Darunter steht mit späterer Tinte:
hujus libri possessor. Demnach hielt man, seit anderthalb Jahr-
hunderten, daran fest, Besitzer jenes Codex sei Caelius Hora-
tius Curio, der Baseler Buchhändler gewesen, welcher vor seinem berühmteren italienischen Vater verstorben ist. Caelius
Secundus Curio aber starb schon 1569. Nun hat allerdings
die Handschrift des Codex Lavallière mit der Handschrift der
Briefe des Caelius Secundus Curio, die ich gesehen, viel Aehnlichkeit. Auch correspondirte Caelius Secundus Curio, der Vater,
mit Servet-Freunden, seinen italienischen Landsleuten Gribaldi,
Camillo Renato, Laelio Sozini und mit Castellio. Auch
liebt es Calvin, die Coelianer mit den Servetanern zusammen-
zustellen. Wie aber die Curionen, Calvin's Gegner, zur Ein-
sicht und Abschriftnahme gerade des dem Calvin übersandten
Servet-Manuscripts gekommen sein sollen, ist niemals dargelegt
worden. Dennoch mag die Möglichkeit nicht ausgeschlossen sein.

Indessen die Nothwendigkeit erhellt nicht. Ja es ist nicht
einmal erwiesen, dass Cur. = Curio sein muss. Cur. kann ebenso
gut auch Curianus bedeuten. Gab es doch zu Chur in Grau-
bünden gerade damals Servetaner. Und selbst wenn der hier
eingeklebte alte Name auf einen Curio ginge, kann nicht ein
speculativer Buchhändler ihm nachträglich die Unterschrift von
irgend einem Curio-Brief vorgeheftet haben, um etwa seinen
jüngeren Codex theurer zu verkaufen. Darauf scheint auch die
lateinische Note hinzuweisen, welche, dem Codex später voraus-
gesetzt, es rühmt, dies Manuscript sei l'esquisse oder le dessein[1])
der Restitutio. So verstände man, dass du Fay für dies brouillon
Servet's 176 livres, die Pariser Bibliothek aber schon 240 livres
hat zahlen müssen.

---

[1]) Diese französischen Worte sind dem Latein als Erklärung eingefügt.

Da die äusseren Gründe zu keiner Sicherheit führen, müssen wir zu den inneren schreiten. Als ich zu Paris den Codex Lavallière mit der echten gedruckten Restitutio verglichen, gewann ich die Ueberzeugung, dass die zahlreichen Varianten zum grössten Theil aus Nachlässigkeit des [Kommata, Punkte, Worte und ganze Linien auslassenden, den Schluss des einen Buchs mit dem des andern vertauschenden] Abschreibers, ein Theil auf willkührlichen Streichungen, absichtlichen Kürzungen beruht, ein Theil allerdings den selbständig denkenden Polyhistor, der etwas von Philosophie, Theologie und Physiologie versteht, verräth, bisweilen sinnige Correcturen, Textverbesserungen, bringend. Ebenso hat mich Papier, Schreibart und Tinte darin bestärkt, dass der Codex von einem Zeitgenossen Michael Servet's stammt, gleichviel ob von einem Manne aus Chur oder von einem Curio. Ich sehe es als eine der vielen noch heute in der Welt cursirenden Abschriften an, die man nach dem Tode Servet's (27. October 1553) von der gedruckten Restitutio nahm. Dennoch hat sie auch wissenschaftlich einen gewissen Werth.

Physiologisch muss es nehmlich sehr auffallen, dass hier und nur hier Servet's Werk über die Dreieinigkeit mit dem fünften Buche beginnt, d. h. mit eben dem Buche, das uns von dem Lungenkreislauf redet. Nach Buch V erst folgt hier Buch IV; dann Dialog I, darauf Buch III. Ganz fehlen Buch I und II von der Dreieinigkeit und der Dialog II.

Unmöglich kann ja die Urschrift Servet's mit dem fünften Buche begonnen haben, auch schon deshalb nicht, weil dies fünfte Buch fortwährend auf die vier ersten Bücher zurückverweist. Wahrscheinlich war die von der gedruckten Restitutio bald nach Servet's Tode genommene Abschrift bücherweis gemacht und geheftet worden, so dass jedes Buch von jedem anderen getrennt, aufgehoben und so besser verborgen, verborgt und verbreitet werden konnte. Bei der fortwährenden Verdächtigung und Verfolgung der Servetaner war das Bewahren, Lesen und Abschreiben von Servet-Büchern allezeit mit Lebensgefahr verbunden. Da man nie wissen konnte, wie weit man beim Abschreiben kommen würde, so schrieb man das zuerst ab, was einem als das wichtigste erschien. Dass das Buch,

was den Blutkreislauf bringt. zuerst abgeschrieben und voran-
gestellt wurde. scheint mir ein neuer Beweis von der Wichtigkeit. welche schon Zeitgenossen Servet's seiner Entdeckung
zugeschrieben haben.

Sehen wir uns nun die durch Gordon's Akribie so treu
und scharf hervorgehobenen Varianten näher an und kümmern
wir uns nicht darum, dass die Randglosse des späteren Ver-
besserers sie fast überall mit dem gedruckten recipirten Text
auszugleichen unternimmt. Ich übergehe die Umstellungen, Aus-
lassungen und Zusätze von keinem Belang. Interessant ist mir
aber die Bemerkung. dass, wenn das Blut keine Luftzufuhr
durch die Lunge erhielte und dadurch heller gefärbt würde, es
vom Herzen aus nur immer dunkler werden würde (non a
corde, a quo niger magis daretur p. 420). Auf S. 177 hatte
Servet von dem vergeistigten Theil des Bluts gesprochen,
der in das Gehirn hinaufsteigt und in seinen Organen mächtig
wirkt. Der Abschreiber aber redet nur von der in das Gehirn
eingeblasenen Luft (de inspirati aeris in cerebrum portione).
Servet unterscheidet den Lebensgeist von dem seelisch wer-
denden Geist des Menschen und sagt. dass von den feinen
Gefässchen der Gehirnhäute. als von der Quelle aus, der leuch-
tende seelische Geist wie ein Lichtstrahl ausgegossen werde
durch alle Nerven in die Augen und in die anderen Sinnes-
werkzeuge. Der Abschreiber redet nur von dem leuchtenden
Geist des athmenden Wesens (animantis) und übergeht die
innere Lichtnatur der Augen. Noch mehr verwirrt der Glossator
die Sache. indem er Servet's Worte. es sei ein und derselbe
Lebensgeist. welcher von den Arterien vermittelst der Anastomosen den Venen mitgetheilt wird, umdreht zu einer Mitthei-
lung aus den Arterien an die Nerven[1]). Und wo Servet
spricht von der Ueberleitung des Blutes aus den Venen in die
Arterien, da weiss der Abschreiber nur von der Ueberleitung
an die Arterien heran (ad arterias), so dass die Arterien
wieder blutfrei bleiben, wie zu Galen's Zeit[2]). Und während

---

[1]) manifestly false, sagt auch Gordon p. 418.
[2]) Dahin scheint auch die Lesart zu deuten: Vere autem non sunt spiritus distincti, da, nach Galen, dieselbe Luft, welche geistartig durch

sich der Abschreiber so allerlei Verschlimmbesserungen dreist erlaubt, schweigt er gerade an der Stelle Servet's, wo wir aus den Arterien-Enden den Uebergang in die Venen-Anfänge ersehnen, wie Servet aus den Venen-Enden den Uebergang in die Arterien-Anfänge beschrieben hat, da gerade lässt der Abschreiber den gebotenen Tausch der Nerven mit den Venen[1] nicht zu.

Aus all' diesen Varianten des medicinisch geschulten Abschreibers erhellt, wie fern die Harvey'sche Anschauung doch dem Servetanischen Zeitalter stand, wie man sie deshalb immer wieder dem Galen zu nähern suchte und wie weit Michael Servet seinen Zeitgenossen vorangeeilt war.

Bis äussere oder innere Gründe mir die Uebereinstimmung des Codex Lavallière mit dem verloren gegangenen Restitutio-Entwurf von 1546 erweisen, werde ich mich der kritischen Ueberschätzung des Pariser Codex seitens einiger Servet-Freunde entgegensetzen[2], weil sie, durch ein zur Zeit der Anfertigung des jetzigen Einbandes von irgendwoher eingeklebtes Stückchen Papier ohne festen Inhalt irregeleitet, die überaus zahlreichen Sinnlosigkeiten des nach dem Druck arbeitenden Abschreibers übersehen, oder doch zurückgestellt haben, die wenigen wirklich sinnigen Conjecturen des gelehrten Mannes urgirend.

Sehr dankenswerth ist es aber nun, dass Al. Gordon Willis darauf hinweist, er habe übersehen, dass bei Servet das Blut vom Herzen aus an die Leber mitgetheilt wird, wie uns die Bildung des Menschen im Mutterleibe belehre. Und nicht Willis allein hat diese cardinale Abweichung Servet's von der Galenischen Tradition unbeachtet gelassen, sondern die grosse Mehrzahl der Geschichtschreiber der Entdeckung des Blutkreislaufs, welche Servet nur citiren, ohne ihn zu lesen. Die abgeleiteten Quellen, aus denen sie zu schöpfen lieben, führen jenen Servetanischen Ausspruch nicht, weil, nach ihrer Meinung, darin von Blut nichts vorkommt, sondern nur von Geist. Sie

die Arterien strömt, vermittelst der Seitenöffnungen sich an allen Berührungsstellen auch den Venen mittheilt.

[1] S. Preyer's Bemerkung S. 5 meiner Abh. über den Blutkreislauf.
[2] Vgl. dieses Archiv. 1883. S. 106 fgd.

vergessen aber, dass Servet ausdrücklich erklärt hat, er lehne sich
an die seit Aphrodisaeus hergebrachte Terminologie, welche von
drei Geistern redet, an. In Wirklichkeit sei indessen der erste
oder natürliche Geist (spiritus naturalis), der in den Venen
und der Leber wohnt, das Blut (primus ergo est sanguis,
cujus sedes est in hepate et corporis venis). Und dann fährt
er fort: Quod a corde communicetur hepati spiritus ille
naturalis etc. Weiter geht im Grunde auch Harvey nicht.
Das Blut der Leber kommt ihr, zum grössten Theil, aus dem
Herzen (und sie giebt es dem Herzen zurück), aber die Leber
ist es die auch noch bei Harvey aus den Speisen immer neues
Blut, den geringeren Theil, präparirt (und auch dieses frische
Blut dem Herzen zuführt)[1]. Und auch Harvey lehrt, ohne
Geist sei das Blut kein Blut, sondern eine verdorbene, kraft-
lose Masse.

Es ist daher dieselbe Tendenz, das Herz vor der Leber
zu bevorzugen, wenn — und das unterlässt seinerseits Gordon
zu betonen — Servet constatirt, dass Gott die Seele dem
Adam in das Herz zuerst eingehaucht und dann vom Herzen
aus sie an die Leber mitgetheilt hat (In cor est prius quam
in hepar a Deo inspirata anima et ab eo hepati communi-
cata).

Wenn hingegen Servet berichtet, wie schon im Fötus, so
werden auch nachher bei dem Menschen immerdar Arterie und
Vene verbunden (junguntur arteria et vena), so sehe ich darin
zwar auch nicht die Idee des Austausches ihres Inhalts vermittelst des systematischen Kreislaufs, aber ebenso wenig mit
Gordon die Galenische Hypothese eines fortwährenden Austausches von Luft aus der Arterie in die Vene und von Blut aus
der Vene in die Arterie vermittelst jener vermeintlichen Anastomosen (p. 418 sq.). Servet redet deutlich davon, dass es die

---

[1] S. meinen Aufsatz im Biolog. Centralblatt 1883. S. 526 fgd. 532 fgd.
cf. S. 495 fgd. — Vgl. auch in diesem Archiv 1880 den S 146 von
mir aus Harvey citirten Satz: Ego vero causam sonticam nullam
video, cur venae innumerabiles, quae intestina ubique perreptant, san-
guinemque ibidem ab arteriis acceptum ad cor reducunt, non possint
una opera et chylum ad ea loca penetrantem exsugere et ad cor de-
ferre, etc.

Enden der Arterien sind (fines arteriarum), welche in die neuen
Gefässe ihren Inhalt überschütten (in transfusione) [1], wie in der
Lunge die Venen ihren Inhalt überschütten in die Arterien und
dort aus Venen und Arterien eine Art neues Gefäss bilden (in
transfusione a venis in arterias est in pulmone novum genus
vasorum ex vena et arteria). Und das nennt er Anastomosen
(qui per anastomoses ab arteriis communicatur venis). Also
nicht überall im Körper finden solche Austauschschleusen statt,
sondern eben nur bei den Venen-Enden und den Arterien-An-
fängen. und vielleicht auch, (wenn man Servet's Sätze hinzu-
nimmt. dass immer jedwedes Ding zu seinem Ursprung zurückkehre [semper enim unum quodque revertitur ad originem suam] [2])
und dass das Blut der Leber aus dem Herzen kommt) vielleicht auch bei den Arterien-Enden und Venen-Anfängen.

Aber ausgesprochen ist das nirgend, und insofern giebt Al.
Gordon unsere eigene Meinung wieder, dass an dieser Stelle
Servet den systematischen Blutkreislauf weder hat durchblicken
lassen, noch auch etwas damit unvereinbares aufgestellt hat.
Denn die Geister sind damit nicht unvereinbar: die hat Harvey
auch; die Blutbereitung aus dem Chylus in der Leber ist damit
nicht unvereinbar; die hat Harvey auch [3]).

Wenn aber Servet in einer von Gordon für die Physiologie zum ersten Mal herangezogenen Stelle (Restit. p. 195) lehrt:
„Ja sogar die Luft, welche wir einathmen, wird substantiell eins
mit unserer Seele, nachdem sie einmal mit unserem Lebensgeiste
wesentlich verbunden worden ist, innen im Herzen" [4]): so hat
Gordon recht, daraus einen neuen Beweis herzunehmen, wie
leicht bei Servet die Physiologie in Psychologie übergeht (p. 421).
Aber Gordon hat unrecht, wenn er aus dieser Stelle folgern will.
dass augenscheinlich die Aëration des Blutes nach Servet in
der Lunge nicht beendet ist, sondern in der Lungenvene sich

[1]) Nur dass er hier, oder doch die lectio recepta hier, den Galenischen
Unsinn des Uebergangs in die Nerven einmischt.
[2]) Restitutio Christianismi p. 160.
[3]) S. meinen Aufsatz in diesem Archiv. 1880. S. 121 fgd.
[4]) Quin aër ipse, quem nos inspiramus, substantialiter unum efficitur cum
anima nostra, postquam vitali nostro spiritui essentialiter adjunctus
est, intus in corde.

fortsetzt und im Herzen selber erfüllt wird. Servet will hier
Physiologisch nichts Neues setzen noch das oben Gesetzte zu-
rücknehmen. Oben aber lehrte er ausdrücklich, dass in den
Lungen die Vermischung der eingeathmeten Luft mit dem her-
ausgearbeiteten dünnen Blute vor sich geht, welches die rechte
Kammer des Herzens der linken mittheilt[1]). Servet meint nur,
dass inwendig im Herzen die Vereinigung der neuen Gottesgabe
von oben, der belebenden Luft, mit unserer eigenen Seele central und substantiell vollzogen ist. Auf das substantielle, cen-
trale Vereinigtsein kommt es ihm hier an, nicht auf den Weg
der Vereinigung.

Auf die Behauptung Huxley's, der Unterschied zwischen
Servet und Galen sei nur ein Gradunterschied, antwortet
Gordon (p. 422), auch der zwischen Galen und Harvey sei
nur ein Gradunterschied, da beide auf Galen's Linien arbeiteten
und sie nur verliessen, um Galen's eigene Methode voller anzuwenden. Und in der That, dass Harvey wie Servet Gale-
nisten waren und viel lieber Galen folgen, als ihm entgegen-
treten, ist eine Erkenntniss, die man vergessen hatte, die aber
neuerdings sich wieder mächtig Bahn bricht[2]). Huxley's Behauptung, dass schon Galen Lungenblut in das Herz zu-
rücksende, hält er für unbewiesen und, selbst wenn es bei
Galen sich nach dem Herzen verliefe, so sei ein beträchtlicher
Unterschied zwischen einem zufälligen Auslaufen (a casual escape)
und einem functionellen Hergang (a functional procession).

Betreff des so oft angegriffenen licet aliquid resudare possit
äussert Gordon (p. 423), Servet argumentire von populairen
Prämissen aus gegen eine populäre Schlussfolge. Seine eigene
Ansicht sei es nicht, sondern er erkläre am Schluss seiner licht-
vollen Beschreibung: „Und selbst wenn irgend ein wenig durch
die mittlere Herzwand hindurchschwitzen könnte, so wäre es

---

[1]) Generatur ex facta in pulmonibus mixtione inspirati aëris cum elabo-
rato subtili sanguine, quem dexter ventriculus cordis sinistro commu-
nicat.

[2]) In de generatione beruft er sich 16 Mal auf Galen: in den Briefen
an Riolan 15 Mal auf Galen, in de motu cordis 12 Mal auf Galen,
divinus ille vir, ingeniosissimus et doctissimus. S. meine Abh. in
diesem Archiv. 1880. S. 117 fgd.

durchaus unmöglich, dass die ganze breit anströmende Fluth hindurchdringt')".....

Fassen wir unser bisheriges Ergebniss zusammen, so müssen wir bei Bridges und Sampson Gamgee, bei Robert Willis und Alexander Gordon einen entschiedenen Fortschritt constatiren in der Behandlung der Geschichte der Entdeckung des Blutkreislaufs durch die Engländer. Die nationale Verblendung, die bei den Harvey-Oratoren Thatsache, Dogma und Postulat war, tritt hier zurück gegen die internationale wissenschaftlich objective Würdigung der Wahrheit. England ist gross genug, selbst wenn es nie einen Harvey gehabt hätte. Italiens Herrlichkeit und Berühmtheit wird auch von denen nicht bezweifelt, welche die Namen Realdo Colombo, Andreas Caesalpino, Ruini, Rudio nie gehört haben. Spanien blieb zu Carl V. Zeit die erste, die überall tonangebende Weltmacht, auch wenn Servet's Restitutio Christianismi nie gedruckt worden wäre. Darum kann die wissenschaftliche Untersuchung mit aller Ruhe abwarten, was herauskommt. Und die Mental balance wird nicht erschüttert, wenn wirklich in Harvey's Wagschale einiges Schaumgold fehlt.

II.

Eine ganz singuläre Stellung in der englischen Literatur über die Geschichte der Entdeckung des Blutkreislaufs nimmt Gascoin ein. So objectiv versteht er zu urtheilen, so sehr tritt das englische Vergöttern William Harvey's zurück, so sehr liebt und kennt er die spanischen Werke über den Gegenstand, dass, wenn er nicht in englischer Sprache schriebe und in Diensten der Königin von England stände, man auf den Gedanken kommen könnte, dass wir es hier mit einem Landsmann Morejon's und Velasco's zu thun haben²). Und doch wird die spanisch-medicinische Literatur von einer entgegengesetzten Seite als bei Morejon und Velasco aufgefasst durch den commandirenden Ritter des Königlichen Ordens Isabella der Katho-

---

¹ Surely a fair point to urge against the traditional view, fügt er hinzu.
²) S. meinen Aufsatz: „Die Spanier" etc. in diesem Archiv Bd. 91. 1883. S. 423—433.

lischen und Wundarzt an dem brittischen Hospital für äussere Krankheiten, George Gaskoin[1]).

Er knüpft daran an, dass um die Mitte des vorigen Jahrhunderts Bruder Feyjoo, der unter der Laienwelt auf naturwissenschaftlichem Gebiet (in Spanien?) eine ebenso grosse Rolle gespielt habe, wie in der Literatur Cervantes, bei seinen Untersuchungen über die Priorität der Entdeckung des Blutkreislaufs, zuerst dem Francisco de Reyna, dem Rossarzt von Zamora, die Palme gereicht habe: später aber dem Caesalpin. Indess seit etwa vierzig Jahren sei diese Prioritätsfrage wissenschaftlich durchgesprochen worden. Erst bei Morejon aber werde die Eingebung La Reyna's rechtskräftig beglaubigt (authenticated). Während indessen Morejon's Nationalbewusstsein sein Urtheil noch parteiisch färbe, sei Chinchilla[2]), ohne der Sache das geringste zu vergeben, doch im Ton maass- und tactvoller. Und denselben Gesichtspunkt nehme Sámano[3]) ein. Auch sei in Spanien die Mehrzahl der Fachmänner Harvey mehr oder minder ungünstig gesonnen, vielleicht aus guten Gründen, aber vielleicht auch aus nationalem Vorurtheil und aus Rache wegen der durch Jahrhunderte vom Auslande geübten Vernachlässigung der immerhin so werthvollen spanisch-medicinischen Literatur. Gaskoin will deshalb die Frage von neuem untersuchen, wem in der Entdeckung des Blutkreislaufs die Priorität gebühre. Harvey oder den Spaniern? Sei es doch immerhin möglich, dass, lange vor Harvey, in Spanien der Blutkreislauf populär und familiär gewesen (commonly entertained among the people and familiar to the understandings), von der Kanzel gepredigt, auf dem Marktplatz und in der gemeinen Unterhaltung gebraucht worden sei: eine eventuelle Thatsache, welche nicht einzelne Persönlichkeiten, sondern das gesammte spanische Volk (collectively) mit seinen Wahrheiten und Irrthümern schon in früherer Zeit eben

[1]) Medical Times and Gazette. 5. Oct., 19. Oct. und 23. Nov. 1878.
[2]) Añales de la Medicina española. Valencia 1841—46. Gaskoin nennt ihn but little subsequent to the other (Morejon 1842—50). Haeser (III. Aufl. XXV) nennt das Werk Ch.'s (nach Guardia) „Compilation aus Morejon".
[3]) Mariano Gonzalez de Sámano: Compendio historico de la Medicina Española. Barcelona 1850.

auf die Höhe stellen würde, auf der später Harvey stand, der doch auch seine Irrthümer und Mängel aufweise, wenn er gleich siegreich Sophismen überwunden, an die keiner der Spanier gerührt habe. . . .

Gaskoin beginnt seine Untersuchung mit einem Manne, der, sich noch mit Harvey's Studienzeit berührend, in der letzten Hälfte des 16. Jahrhunderts, als Wundarzt und Anatom, Uebersetzer der Werke des Guy von Chauliac berühmt gewesen ist, Juan Calvo, Professor der Anatomie in Valencia. Aus Chinchilla bringt Gaskoin eine Stelle Calvo's bei, die Morejon und alle anderen übersehen hätten. Da redet Calvo davon, dass (das arterielle Blut) vom Herzen aus durch die Arterien zu allen Theilen des Körpers gehe, geradeso wie das venöse Blut durch die Venen zurückkehre (vuelve), weist auf die Dunkelheit und Dicke des venösen, auf die Feinheit und Helligkeit des arteriösen Bluts hin, lässt den Lebensgeist besonders in der linken Seite des Herzens entstehen, indem die äussere Luft durch die Trachea in die Lungen hinabsteige und das Herz bei seiner Ausdehnung sie anziehe durch die Lungenvene (venöse Arterie), und hier werde die Luft, die in den Lungen schon genug präparirt sei, durch die kochende Kraft des Herzens wiederum verändert u. s. f. Diese Stellen sind entnommen der 1591. Ausgabe von Calvo's primera y segunda parte de la Cirurgia Universal y Particular. Nimmt man nicht an, dass Gaskoin von Harvey's Zeiten aufwärts steigen wollte bis an die Schwelle des Mittelalters, so wäre nicht abzusehen, warum er dieser Stelle unter den Prioritäts-Beweisen für die Entdeckung des Blutkreislaufs den Vorrang (the prominence) einräumt. Denn er selbst giebt zu 1) dass spanische Aerzte lange vor Calvo die Blutveränderung und Blutbereitung in der Lunge beschrieben haben: 2) dass Calvo noch der alten Theorie huldigt, das Herz sei die Quelle der animalen Wärme (heat); 3) dass er das Herz mit seinen Höhlungen wie einen Blasebalg ansehe, der bei der Ausdehnung das Blut anziehe (a conception, which rather helps than discountenances the idea of an onward current); 4) dass Calvo's Theorien weniger glücklich (less happy, inferior somewhat) seien, als die des Columbus und Arantius (p. 410). Fügen wir hinzu, 5) dass Calvo (wenigstens in den ausgehobenen Stellen) den eigentlichen Grund des Blutkreislaufs, die

Undurchdringlichkeit der mittleren Herzwand, nicht
kennt, und 6) dass doch niemand dem Acquapendente 1574,
dem Colombo 1559, dem Valverde 1554, dem Servet 1553
zumuthen wird, ihre Herz- und Blut-Theorien aus einem Werk
geschöpft zu haben, dessen erste Ausgabe zugestandenermaassen
von 1580 datirt. Kommt demnach für die Prioritätsfrage Calvo
nicht in Betracht, so scheint es, als wollte Gaskoin annehmen,
Harvey selber habe seine Weisheit gerade und nur allein aus
Calvo geschöpft, was doch schon darum unmöglich ist, weil
Harvey als seine Wegebereiter Vesal, Colombo, Aquapen-
dente ausdrücklich nennt.

Die spanischen Aerzte, welche Gaskoin nun folgen lässt,
stellt er in Zusammenhang mit dem Umstand, dass in Spanien
Galen's Lehre vorherrschend war[1]), Galen's Lehre von der
dauernden Verbindung von Arterien und Venen (the continuous
circulation from arteries into veins), die dem Blutkreislauf so
günstig schien[2]), aber auch Galen's Lehre von einer digestiven
Function der Venen, welche der richtigen Ansicht vom Blutkreislauf so hinderlich ist.

Es erhellt nicht, warum Gaskoin hier nicht aus Morejon
(II. 56 sq.), seiner Quelle, auch den Bischof Jaime Perez de
Valencia (1484) und den Frai Vicente Burgos (1494) erwähnt? Redet doch jener davon, dass fortwährend das Blut
bewegt wird (movetur) durch die Venen des Menschen, und
zwar eine grosse Menge Blut durch die grossen Venen und ein
wenig (modicus) Blut durch die Eingeweide-Venen (miseraicae
venae), und dass es immer so hin und her gehe in fortwähren-
dem Kreislauf (et ita semper fit motus circularis), wie im
Mikrokosmos so im Makrokosmos, Predg. Salomo 1, 5—7[3]).

[1]) The Galenic doctrine was preponderant in Spain (p. 410ᵃ). So be-
dingungslos ist das falsch: die Araber herrschten. Erst mit Servet,
Lacuna, Franz Valles siegte der Galenismus. Uebrigens herrschte
Galen geradeso in Italien, Frankreich, Deutschland, England u. s. f.

[2]) Wir glauben, dass die falsche Lehre Galen's von jenen (nicht vor-
handenen) Parallel-Anastomosen zwischen Venen und Arterien der
richtigen Anschauung vom Blutkreislauf viel mehr geschadet hat.

[3]) In derselben Vene wird das Blut gliederwärts geführt und die Luft
herzwärts; in derselben Arterie die Luft herzwärts und das Blut gliederwärts; das ist der sog. Motus circularis: also ein Kreislauf innerhalb

Der Bruder Vicente Burgos aber unterscheidet, dem Constantin folgend, das natürliche Blut in den Venen und in den
Arterien, indem letzteres heisser, dünner, farbiger, heller, süsser
und kräftiger sei, als ersteres[1]); und beiden gegenüber stellt er
das unnatürliche, krankhafte Blut z. B. in den Aussätzigen, das
mit fremdartigen Substanzen vermischt und dadurch verdorben
wird; und redet dann wieder mit den Worten seines Gewährs-
mannes, des eben gedachten Arztes Constantin, der um 1060
blühte, von dem Beginn der Bewegung in der linken Herzkammer,
von der Mischung von Luft und Blut in der Lunge, und von dem
Blutlauf oberwärts nach dem Hirn, unterwärts in die anderen
Theile des Körpers[2]). Warum Gaskoin hier diese scheinbar
so beredten Zeugnisse für die unbedingte spanische Priorität in
der Entdeckung des Blutkreislaufs fast anderthalb Jahrhunderte
vor Harvey nicht anführt, erkläre ich mir daraus, dass er die
Stellen einst bei Morejon gelesen, aber dann nicht in der Er-
innerung behalten hat[3]). Von einer aus der Wegesperrung durch
die mittlere Herzwand und durch das Ein- und Ausathmen der
Luft erzeugten, regelmässigen Kreisbewegung desselben, immer
neu präparirten und neu absorbirten Blutes hat weder der sich
an König Salomo anlehnende Bischof, noch der dem Dr. Constantin nachsprechende „Bruder“ die geringste Ahnung.

derselben Vene, resp. Arterie, nicht ein Kreislauf von der einen Herzkammer zur anderen und in die erste zurück.

[1]) y la sangre que es en estas arterias es muy mas caliente, sotil, y mas
colorada, y mas clara, y mas dulce, y mas aguda en favor que la otra
sangue (Morejon II, 39).

[2]) Estas venas ó arterias comienzan en la sinistra parte del corazon, de
la cual salendos. Y la una de piel muelle, y es llamada la vena to-
cante, y es asi necesario por portar gran cantidad de espíritu y sangre
al pulmon, y para recibir el aire, y mezclar con la sangre para re-
frescar el corazon: esta vena entra en el pulmon, y ende se divide en
muchas partes. La otra arteria es mayor que esta, y saliendo del
corazon y subiendo arriba, se parte en dos: la una va alto, y lleva
la sangre y el espíritu de vida al celebro, porque ende sea el espíritu
vital guardado y nutrido; la otra parte va mas bajo á la diestra y á
la siniestra delante y detras, y parte en muchas maneras.

[3]) I believe I have seen passages which express a rapid current in the
minute radicles or capillaries, but I cannot lay my hand on such
passages (p. 410).

Kommt es denn überhaupt bei dem Blutkreislauf auf den Gedanken eines ununterbrochenen Flusses an (idea of continuous flow)? Ich meine, nein: denn der Rheinstrom oder der Sturmwind geben kein Bild für den Kreislauf.

Selbst auf irgend eine Rückkehr zum Ursprung, auf irgend einen Kreislauf kommt es nicht an, sondern auf den richtigen, wirklichen Kreislauf. Die Annahme eines falschen Kreislaufs wäre das grösste Hinderniss für die Auffindung des wirklichen Kreislaufs. Gaskoin aber scheint darin anders zu denken. Servet's Restitutio erschien 1553. Aber schon 1551 [1]) schreibt Montana de Monserrat, der berühmte Leibarzt Kaiser Karl V., in seiner Anatomia del hombre: die schlimmste Folge der krankhaften Venenverstopfung sei die, dass sie das Blut hindere, vorwärts zu gehen (ir adelante). Dieser Ausdruck genügt Gaskoin für die Annahme, Monserrat habe den Blutkreislauf gekannt. Hätte er ihn gekannt, hätte er sich aber gerade entgegengesetzt ausdrücken müssen: die Krankheit hindere das Venenblut, nach dem Herzen zurückzufliessen (ir arredro, reverter, refluir).

Indess Gaskoin macht den historischen Krebsgang weiter: Servet's Restitutio erschien 1553. Und schon 1545 erschien des bekannten spanischen Schriftstellers Valdes de la Plata Historia general del Hombre, worin die Arterie von der Vene wohl unterschieden wird; doch sei auch die Arterie würdig des Namens einer Vene, und die Aorta gleiche der Vene: sei sie doch hohl und führe Blut und all die vier Säfte (the four humours). Sie hebe oder geleite das Blut von einer Vene zur anderen, und die Venen oder Gefässe (the veins or vessels) hülfen einander erstaunlich (amazingly) [2]). Venen würden sie genannt vom Worte Weg (vias), da sie Durchgänge für das Blut bilden, indem es durch sie wie ein Strom rinnt, der den ganzen Körper bewässert." Es wird wohl niemand behaupten wollen, dass in Gaskoin's Darstellung aus Juan Sanchez Valdés de la Plata jemand den Unterschied von Vene und Arterie deut-

[1]) Gaskoin sagt irrig 1550.
[2]) So übersetzt Gaskoin: las venas ... sirven las unas a las otras muy sutilmente, segun el gran artificio de naturaleza (bei Morejon II. 45).

lich erkennen ¹), geschweige den Gegensatz des wirklichen Blutkreislaufs zu Galen's Auffassung verstehen wird. Auch stellt
sich Valdés bei Morejon (II, 44 sq.) ausdrücklich auf den physiologischen Boden des Hippocrates, dass die Venen in der
Leber, die Arterien im Herzen und die Nerven im Gehirn be-
ginnen. Doch wir kommen Gaskoin aus Morejon zu Hülfe,
wo es sich um die Feststellung der geschichtlichen Wahrheit
handelt. „Die eine Aorta, fügt da Valdes hinzu, geht aufwärts
und führt das Blut und den Lebensgeist zum Hirn hinauf, weil
dort der animale Geist behütet und erhalten wird. Die andere
Aorta geht unterwärts nach rechts und nach links, nach vorn
und nach hinten, und theilt sich auf viele Weisen und erscheint
insofern gerade wie eine Vene, hohl, bereit das Blut aufzuneh-
men und von einer Vene zur anderen zu heben. Auch ist sie
es, welche das Blut und das Leben des Thieres und die vier
blutigen Säfte, durch die alle Theile des Körpers erhalten
werden, in sich bewahrt. Daraus erhellt, fährt Valdes fort,
gleich als wollte er an den König Salomo und den Bischof Perez
anknüpfen, dass die Feuchtigkeit die Mutter und Schöpferin
aller natürlichen Dinge ist, die da wachsen und sich mehren.
Jene Feuchtigkeit fügt zusammen und erhält im Zusammenhang
die Theile der Erde, indem sie durch alle hindurchläuft, sie zu
festigen (para detenerlas) ²), da sie (an und für sich) so trocken
sind, dass, wenn nicht die Feuchtigkeit des Wassers hindurch-
ginge, jeder Theil sich vom anderen absondern würde; gerade
wie es auch das Blut macht, wenn es durch alle Glieder des
Körpers läuft, sie zu bewässern und zu stählen, damit der
Körper leben kann" (Morejon II, 45). Wollte man derartige,
an den König Salomo anlehnende, auf der Analogie von Mikro-
und Makrokosmos beruhende populäre Redensarten vom Blut-
umlauf durch den ganzen Körper als wissenschaftliche Beweise
oder auch nur als Beläge, als Andeutungen für den grösseren

¹) Erst aus Morejon II, 45 erfährt man Valdés' Meinung: las venas
son hechas de una túnica, y no de dos, como las arterias, porque las
arterias reciben el espiritu y lo guardan. — Entre las otras venas hay
una llamada arteria que es necessaria á natura para atraer el calor
natural del corazon á todos los miembros.

²) Gedruckt ist detenellas.

oder kleineren Blutkreislauf ansehen, so würde man damit ähnlich verfahren, als wollte man in unserem Volk die Redensarten: „Die Sonne geht auf", „die Sonne geht unter" als Beweis oder Beleg ansehen für die Lehre, dass die Sonne unseres Planetensystems auch ihrerseits um eine andere, um eine Ursonne circulirt.

Hat aber Valdes de la Plata 1545 keine Ahnung weder vom Kreislauf durch die Lungen noch von dem durch diesen bedingten grösseren Blutkreislauf, so folgt daraus doch gewiss nicht, dass nicht ein anderer Landsmann und Zeitgenosse glücklicher gewesen wäre. Servet schrieb 1553; aber schon drei Jahr vor Valdes, acht Jahr vor Monserrat, eilf Jahr vor Servet schreibt ein Günstling des Cardinal Erzbischofs von Sevilla, des Don Fray Garcia de Loaisa[1]), der fruchtbare Schriftsteller und berühmte Arzt Luis Lobera de Avila[2]). Deinde, Gaskoin citirt hier lateinisch, per venam transit sanguis nutrimentalis et per arteriam sanguis spiritualis: deinde sanguis arteriae exit cum saltu, venae tamen non. Diese Stelle, in welcher, nach Morejon, Gaskoin das transit betont, gebe, meint er, eine Idee von einem ununterbrochenen Fliessen[3]). Gewiss, aber in verkehrter Weise. So, losgetrennt vom Zusammenhang, macht die Stelle den Eindruck, als müsse fortwährend Blut aus der Arterie sprungweise sich ergiessen, als gehöre dieser ununterbrochene springende Blutausfluss zu einem normalen Leben. Und will man das transit so sehr betonen, so hindert nichts, an den transitus von der einen direct in die andere Herzkammer zu denken, es müsste denn sein, dass andere Stellen bei Avila bewiesen, dass es da keinen transitus geben kann. In des Avila 1542 veröffentlichten Anatomia — Gaskoin nennt seine Quelle nicht — berührt die Präcision wohlthätig, auch da wo er irrt. Das Herz, sagt Avila bei Morejon (II, 44), ist des Lebens Princip, thront deshalb

[1]) Ihm widmet er Remedio de cuerpos humanos y silva de esperiencias. Alcalá 1542 (Morejon II, 315). Loaisa war als kaiserlicher Beichtvater Vorgänger und Nachfolger Quintana's. S. meinen Aufsatz im Magazin f. d. Lit. des Auslandes. 1874. No. 14, 16, 18. S. 203 fgd.
[2]) aus Morejon II, 314, den er nicht nennt.
[3]) hay un circulo, por donde transita permanentemente aquel fluido.

wie ein König und Herr[1]) mitten in der Brust und wird als
Centrum angesehen (intelligitur centraliter), da es (quia) mit
seiner unteren Seite etwas abweicht nach links wegen des Orts
der Leber, mit der oberen Seite nach rechts, um den Arterien
eine Stelle zu geben. Es ist aber die Gestalt des Herzens ähnlich der eines umgekehrten Kienenapfels, indem die Spitze des
Herzens sich nach den unteren Theilen des Körpers wendet, die
Breitseite aber, welche die Wurzel bildet, nach den oberen zu.
Des Herzens Substanz ist hart, gewissermaassen musculös (la-
certosa) und enthält in sich zwei Kammern, eine rechte und
eine linke, und in der Mitte eine Grube, wie Galen sagt
L. II teg. In diesen Kammern unterscheidet man das nährende
Blut, was von der Leber kommt und fein und geistig (spiritualis) wird. Und dazu sind im Herzen zwei Mündungen (ori-
ficia). Durch die rechte (Mündung) setzt ein der Zweig der
Vene, die aufsteigt und das Blut von der Leber nach oben
trägt und durch dieselbe (Mündung) setzt ein eine Vene, die
arterialis heisst, und die Lunge zu nähren geht, und was noch
übrig bleibt, verzweigt sich beim Aufsteigen in viele Theile und
Zweige. Und von der linken Mündung geht die pulsirende
Vene (pulsatilis) aus, deren einer Theil (vadit ab pulmone) von
der Lunge herkommt und den Namen arteria venalis trägt und
zur Lunge (portans ad pulmonem) ziegenhafte Dünste (capri-
nosos vapores) bringt und zur Abkühlung des Herzens Luft ein-
führt. Und ein anderer Theil verzweigt sich nach innen und
nach oben, wie von den anderen Venen gesagt ist. Und über
den beiden Mündungen sind drei Häute, welche den Eintritt des
Blutes und des Geistes öffnen und schliessen zur passenden
Zeit, und neben den Mündungen sind zwei Ohrläppchen (auri-
culae)[2]), durch welche die Luft ein- und ausgeht, welche ihm
von der Lunge bereitet wird." Lobera de Avila[3]), der Günstling
Loaysa's[4]), des Feindes von Servet's Gönner und Lehrherrn, des
Juan de Quintana, hat sich zweifelsohne 1542 um die Anatomie des Herzens mehr umgethan, als viele seiner Zeitgenossen

[1]) Ein Lieblingsvergleich von Aristoteles bis Harvey.
[2]) Die Deutschen nennen es Vorkammern.
[3]) Avila's Beziehungen zu Servet sind dunkel.
[4]) Er stand an des Kaisers Ohr wieder von 1534 — 1546.

und Landsleute. Aber an der Stelle der mittleren Herzwand, welche den Blutlauf hemmt, finden wir auch bei ihm einen Graben, der von beiden Seiten den Blutlauf anlocken muss, ohne dass die Vorstellung erscheint, durch die Arterien gehe das Blut vorwärts, durch die Venen zurück. Bei aller Hochachtung vor Avila können wir daher nicht behaupten, er habe mehr, oder auch nur dasselbe gesehen, wie Servet, ja nicht einmal, er habe ihm die Wege geebnet.

Allein Luis Lovera de Avila hat einen Nebenbuhler, den Servet mehr fürchten könnte, den grossen Laguna. Servet gab die Restitutio 1553 heraus, schickte 1546 die Urschrift an Calvin, studirte zu Paris Medicin 1536 bis 1538. Doch schon 1535, fast ein Jahrhundert vor Harvey, schreibt Andrés Laguna, der spätere Leibarzt Pabst Julius III. und handelt von dem Blutkreislauf „in sehr klaren und deutlichen Ausdrücken" (en terminos bien claros y esplicitos), wenn wir Morejon (II, 257) und Gaskoin glauben dürfen. Letzterer bringt drei Beweisstellen. 1) Laguna sage, dass die Venen des Gekröses[1]) von anderen Gefässen begleitet würden, deren Function einfach darin bestehe, das Blut von den Eingeweiden oder von den Häuten (the coats) der Eingeweide zurückzuführen (return) und diese erstrecken sich auch aufwärts auf demselben Wege nach der Leber hin. Aus dieser Stelle Laguna's, meine ich, könnte nie ein Uneingeweihter den Blutkreislauf erfahren. Auch fasst Morejon die Stelle wieder anders auf[2]). Die 2) Stelle Laguna's lautet bei Gaskoin: Vena igitur cava quam ipsi jecori adnatam in totum corpus sanguinem derivare diximus, ab hepate prolapsa sursum quidem per septum transversum ad cor. Weiter citirt Gaskoin nicht. — Führt aber nach Laguna die Vena cava das Blut per septum transversum zum Herzen, so folgt daraus nichts für den Kreislauf selbst; auch beschreibt Laguna septi cordis foramina (Annotationes in Galeni interpretes I, 372), septi foramina duo (I, 269), die er nie gesehen hat und die nicht vorhanden sind. Endlich 3) kommt auch Gaskoin auf die be-

---

[1]) Gaskoin druckt immer miseraios statt meseraics.

[2]) Las ultimas ramificationes de las venas meseráicas, diseminándose por los intestinos, figuran las raices de las plantas, que chupan (saugen) de la tierra su jugo (Saft).

rühmte Stelle der Anatomica methodus[1]), die schon Morejon (II, 257) ausgehoben hatte. Um Laguna nichts von seinem Verdienst zu verkürzen, setze ich sie hierunter vollständig her, während Gaskoin im Urtext nur 2—3 Zeilen bringt[2]). Zu dieser Stelle[3]) ist dreierlei zu bemerken: erstens, dass es sich hier nicht um Blutverbrauch und Blutzuführung handelt, sondern um Luftverbrauch und Luftzuführung; sodann, dass Laguna von einem Hinderniss in dem Blutlaufe keine Ahnung hat; und endlich, dass von einer Kreisbewegung, vermöge welcher das durch die Arterien ausgeführte Blut durch die Venen immer wieder zum Herzen zurückkehrt, hier überhaupt keine Rede ist. Ich geschweige, dass nach Laguna das Herz all seinen Blutvorrath nur aus der Leber bezieht, und manches andere. Selbst

[1]) seu de sectione humani corporis contemplatio, in compendium atque addeo enchiridium redacta. Paris, por Ludovico Cianzo 1535. fol. 37. — Esta obrita, sagt Morejon II, 257, es bastante curiosa y digna de estudiarse.

[2]) Sanguinem mittit hepar (nam eo maxime abundat), ut commutatione minime poenitenda spiritus, quorum inopia laborat, a corde per arterias recipiat. Simili nimirum ratione cor ad cerebrum per arterias vitalem spiritum mittit, ut postea demum per nervos spiritum animalem, qui multis numeris pretiosior est, a cerebro ipso trahat... Venae igitur cavae alter procerosissimus ramus, per[*]) medias phrenas recta ad imperium cordis ascendit, paululum ad dextras thoracis partes declinans, ita ut in dexteram cordis auriculam sese insinuet... Verum enim cor, ut quod ex se sanguinem nullum habeat, per auriculam dextri ventriculi a vena cava illum accipit mutuo[**]). Ex quo transsumto[***]) in sinistrum cordis specum, vitales spiritus conficiuntur: qui tandem per arterias in universum corporis habitum relegati, frigidas quidem partes calefaciunt, calidas autem impense sua flabellatione refrigerant.

[3]) Das Citat aus einer vierten Stelle: arteriae sanguinem rueut möchte sich so kaum bei Laguna finden; denn die Arterien haben es bei ihm mit dem spiritus vitalis, die Venen mit dem Blut zu thun. Ueberdies folgt aus dem the blood is sent with a rush noch kein Blutkreislauf.

[*]) Morejon druckt quae.
[**]) mutuo übersetzt Gaskoin: with the thorough intention to pay it (the blood) back again; während Laguna sagen will: zum Tausch, Blut empfängt das Herz, Lebensgeist giebt es dafür (commutatione minime poenitenda).
[***]) Gaskoin druckt transeunto; Morejon: transunto.

wenn also, was offene Frage ist, Andrés Laguna, der 1499 zu
Segovia Geborene, als er, nach seiner berühmten Kölner Bittrede
vom 22. Januar 1535 (aus der Morejon reiche Auszüge bringt),
zur Fortsetzung der medicinischen Studien die Universität Paris
bezog, bei dem gemeinsamen Lehrer Günther von Andernach
die ganze Zeit mit seinem Landsmann Michael Servet in
lebhaftem Verkehr gestanden hätte, bis dieser als Stadtarzt nach
dem katholischen Charlieu, Laguna (1540) als Stadtarzt nach
dem protestantischen Metz ging [1], so würde doch der Verf. der
Restitutio Christianismi alles das, was seine Physiologie kenn-
zeichnet, von seinem älteren (aber erst später schriftstellerisch
auftretenden) [2] Freunde nicht haben lernen können.

Gaskoin's erster Artikel hat also 1) Morejon's Resultat be-
stätigt, dass von allen Spaniern, die bisher genannt wurden,
keiner den Blutkreislauf so klar erkannt und so deutlich beschrieben hat als Michael Servet; 2) den Engländern in's Gedächtniss zurückgerufen, dass hundert Jahre vor Harvey im
Volke Spaniens die Tendenz sich kund giebt, auf Grund der
salomonischen Aussprüche im Mikrokosmos wie im Makrokosmos die Bewegung und Erneuerung aller Säfte, und so auch
des Bluts, als fortwährenden Kreislauf zu denken; 3) dass
Michael Servet, da wo er irrt und von falschen Voraussetzungen ausgeht, ein Sohn seines Volkes ist.

Doch vielleicht bringt Gaskoin's zweiter Artikel
(19. October 1878) für die Frage nach der Priorität der Entdeckung neues Licht. Mit vollem Recht und dem ganzen Ge-
wicht seiner Autorität weist der Ordensritter der katholischen
Isabella darauf hin, wie die Beschuldiger des traditionsseligen
und verfolgungssüchtigen Spanien ganz zu vergessen pflegen,
dass Harvey's Alma mater, das gefeierte Padua, in ebenden-
selben Scholasticismus geradeso verstrickt war [3]. Der Alp (in-

[1] Dort that Laguna unter den Pestkranken gerade so viel Gutes, wie
Servet's Freund Jehan Thibault (s. dieses Archiv 1879. S. 302 f.)
zu Paris.

[2] 1535 de phisionomia war Laguna's erstes, die Anatomia 1535 sein
zweites Buch. Servet schrieb schon 1531 De trinitatis erroribus,
1532 Dialogi und Tractatus de justicia. 1535 Ptolemaeus.

[3] Padua of all places in the world was the most enthralled to the same
scholasticism.

30*

cubus) der kirchlichen Tyrannei hat, nach Gaskoin, über Italien allezeit geradeso geschwebt (never deficient): der Averroismus und Aristotelismus, der in Padua herrschte, war durchaus unverträglich mit der Wissenschaft; die italienische Gesellschaft ihrem Wesen nach durchaus nicht fortschrittlich gesonnen, noch irgendwie günstig für neue Entdeckungen. Uns freilich kümmert es hier nicht, wem bei anderen Entdeckungen die Priorität gebührt, den Spaniern Gimeno und Laguna, oder den Italienern Ingrassias und Achillinus; nicht ob Valverde klug thue, sich seiner klügeren spanischen Lehrmeister zu schämen und sich der italienischen zu rühmen; ob jener Dr. Bartolome Hidalgo de Aguero, von dem die Soldaten frohlockten: „Sie hätten sich Gott und dem Dr. Aguero empfohlen", vom Blutkreislauf etwas Sonderliches gewusst hat[1]). Denn wenn er wirklich vier Oeffnungen des Herzens kennt, die erste in der rechten Herzkammer, welche durch die Vena cava das Blut in das Herz bringt; die andere, welche durch die arterielle Vene das Blut in die Lunge führt; die dritte, welche durch die venöse Arterie das vergeistigte Blut in die linke Herzkammer leitet: die vierte, in die der breite Stamm der grossen Arterie mündet, welche das Blut in alle Theile des Körpers vertheilt: so wird doch niemand des Ernstes behaupten, dass der 1553 hingerichtete Michael Servet seine physiologische Weisheit aus dem Werke des Sevillaners geschöpft habe, das 1584 zum ersten Mal erschien.

Anders wäre es mit Dr. Bernardino Montana de Monserrat, auf dessen Werk von 1551 — Gaskoin schreibt immer irrig 1550 — der zweite Artikel des Wundarztes vom Brittischen Hospital wieder zurückkommt. Da es mir um die geschichtliche Wahrheit zu thun ist, ohne irgend eine Voreingenommenheit sei es für eine Nation, sei es für eine einzelne Person, so gebe ich Monserrat's das Herz betreffende Stelle dem Zusammenhang nach aus Morejon[2]), Chinchilla's Quelle, wieder. „Das Herz, sagt er da, hat in der Breite (a la larga) zwei Herzkammern, die eine linker Hand, die andere rechter, unter denen die linke mitten im Herzen sich befindet (esta enmedio del corazon), die andere nach der rechten Seite sich neigt.

[1]) Morejon III. 324 sqq.
[2]) II. 16 und 47. cf. 358 sq.

Die rechte Herzkammer dient dazu, das Blut, das zunächst aus der Leber kommt (la sangre que viene del higado), zu kochen (cocerla) und für die linke Herzkammer vorzubereiten. Die linke Herzkammer dient dazu, das genannte Blut, welches zur rechten Herzkammer kommt, zu reinigen (depurar) und zu verfeinern (adelgazarla) und daraus arterielles Blut zu machen, durch das die festen Glieder des Körpers erhalten werden. Und auf diese Weise [1]) erzeugen sich in gedachter Herzkammer die Lebens - geister (los espiritus vitales) des arteriellen Bluts, und von dort (de alli) verbreitet sich das Blut in den ganzen Körper. Der Weg, auf welchem jenes Blut von der einen Herzkammer in die andere hinübergeht, ist die Substanz des Herzens selbst, welches vermittelst seiner Poren es von einem Ort zum andern führt[2]). In jeder der beiden Herzkammern giebt es zwei Löcher (agujeros): durch das eine Loch der rechten Herzkam- mer tritt das Blut ein, welches von der Leber nach der anderen Herzkammer geht vermittelst der Vena cava, welche sich mit dem Herzen verbindet in dem gedachten Loche; und aus dem anderen Loche geht vom Herzen eine Vene hervor, die wir ar- terielle Vene nennen, weil sie ruhig ist (quieta), wie eine Vene, und doch zwei Häute hat, wie eine Arterie, welche Vene zu den Lungen geht und sich durch ihre Substanz ausbreitet, weil der fleischige Theil der gedachten Lungen sich von jenem Blut erhält, das ihm das Herz durch diese Vene zusendet. In die linke Herzkammer tritt durch das Loch die venale Arterie hin- ein, durch welche die frische Luft (el aire fresco) aus der Lunge in das Herz dringt, um das Herz zu erfrischen; und durch die- selbe Arterie schickt auch das Herz (tambien) arterielles Blut und Lebensgeister (sangre arterial y espiritus vitales), um die festen (solidos) Theile der Lunge zu erhalten. Und aus dem anderen Loche geht die grosse Arterie hervor, die wir Aorta nennen, welche das verfeinerte Blut und die Lebens- geister (la sangre delgada y espiritus vitales) in den ganzen

---

[1]) ansi mismo: hier ein recht unklarer Ausdruck für eine recht unklare Sache.

[2]) El camino, por donde pasa esta sangre del un ventriculo alotró, es la misma sustancia del corazon, la cual mediante sus poros dá lugar al dicho paso.

Körper leitet. Und hier ist ein Geheimniss der Natur zu bemerken, welche in jenen Löchern Thüren anbrachte, durch welche sie sich schliessen und öffnen, je nachdem es sich für ein jedes eignet je nach seiner Aufgabe (su oficio), in der Weise, dass sie in das Loch der Vena cava drei aus einem Gewebe gefertigte (hechas di un paniculo) Thürvorhänge (porticitas), die nach innen sich öffnen und nach aussen sich schliessen, anbrachte, dergestalt, dass, wenn die Herzkammer sich ausdehnt (se ensancha), die gedachten Thüren sich öffnen, um dem Blute zum Eintritt Raum zu verschaffen; und hingegen, wenn das Herz sich zusammendrängt (se aprieta), dass die gedachten Thüren sich schliessen, so dass das Blut nach der gedachten Vene nicht fliessen kann. Das Loch der arteriellen Vene enthält drei andere Thüren, die nach innen sich öffnen (adentro) und nach aussen (a fuera) sich schliessen, in der Weise, dass wenn das Herz sich zusammendrängt, die Thüren sich öffnen, und wenn es sich erweitert, schliessen; weil bei der Zusammenziehung die Vene dieses Blut vom Herzen empfängt, sie aber bei der Ausdehnung dieses Blut nicht zum Herzen zurückführen (volver) kann. Ebenso enthält das Loch der linken Herzkammer, aus dem die grosse Arterie hervorgeht, andere drei Thüren mit derselben Wirkung (efecto), dass sie nach aussen sich öffnen, und nach innen sich schliessen. Allein das Loch, aus dem die venöse Arterie hervorgeht, enthält nur zwei schlecht verbundene (mal juntas) Thüren, durch welche die frische Luft eintritt und, sobald sie sich erhitzt (se calienta), heraustritt, und ebenso das arterielle Blut durch dieses Loch heraustritt und die Lebensgeister, welche das Herz den Lungen sendet zu ihrer Unterhaltung. Auf diese Weise dient das Herz, das arterielle Blut und die Lebensgeister nach allen Theilen des Körpers zu versenden, um jedem Theil jene natürliche Wärme, die er vermöge der Lebensgeister besitzt, und jene Dauerhaftigkeit, die er vermöge des arteriellen Bluts geniesst, zu erhalten; und zu diesem Behufe hat das Herz jene grosse Arterie nöthig, um mittelst ihrer Verzweigungen das arterielle Blut und die ihm zukommenden Geister (la sangre arterial y espíritus que le conviene) an den ganzen Körper zu vertheilen. Von jener Vena cava entstehen zwei dicke Aeste, die sich in der Substanz der Leber verzweigen; und vermittelst

4

71

jener Aeste sendet die Leber das Blut in die Vena cava, von
welcher aus es sich dem ganzen Körper mittheilt." Bedenkt
man, dass nach Monserrat alle Blutbereitung von der Leber
ausgeht; dass neben dem venösen und dem arteriellen Blut immer noch ein drittes unterschieden wird, die Lebensgeister;
dass das Blut von der einen Herzkammer in die andere mitten
durch die Substanz des Herzens führt, die voller Poren ist;
dass durch die Lungenvene (venale Arterie) etwas von oben
nach unten geht, von der Lunge nehmlich Luft in das Herz,
und zugleich dreierlei von unten nach oben, nehmlich erhitzte
Luft, arterielles Blut und Lebensgeister vom linken Herzen nach
der Lunge: so wird man gestehen müssen, dass, wer sonst keine
Ahnung hätte vom physiologischen Vorgang beim Blutkreislauf,
sie aus Monserrat schwerlich gewinnen könnte. Bei so irrigen
physiologischen Voraussetzungen des in Montpellier, Bologna und
Valladolid gleich heimischen Leibarztes Kaiser Karl V. hilft
weder Morejon's Versicherung, jene Stelle dulde durchaus keinen Zweifel, dass Monserrat den wahren Hergang des Blutkreislaufes gekannt habe (II, 358 sq.); noch auch die Behauptung
Gaskoin's, Monserrat habe den Lungenkreislauf drei Jahre
vor Servet, geradeso verstanden, wie wir heute[1]); noch auch
Chinchilla's Belege, dass bei Monserrat die Vorhöfe der
Herzkammern (the auricles) ganz besonders dazu dienten, dem
Herzen das Blut zuzumessen (medida de la sangre) und die
richtige Blutmenge zu bestimmen, welche die Herzkammern in
jedem Augenblick bedürfen. Widmen wir Servet einen Band
und eine Statue[2]), sagt Gaskoin, so wird es wohl erlaubt sein,
Montana de Monserrat einige Zeilen zu weihen. Auch ich
glaube, dass Monserrat in sich den Stoff hat, aus dem man
mehrere Aerzte bilden könnte. Ich freue mich des Mannes, der
seinen Studenten erklärte, die Anatomie sei das ABC, mit dem
ein jeder, der Arzt werden wollte, anfangen müsste. Allein von
der dem Luis Hurtado de Mendoza gewidmeten Anatomia

[1]) I shall undertake to show, that, prior to Servetus, he understood the
pulmonary circulation in the same way, that we now understand it.
[2]) Das that nehmlich Gonzalez de Velasco; im Museo antropologico
in Madrid steht seine Statue; sein Werk Miguel Serveto verdient be-
kannter zu sein (Madrid, 1880, Imprenta central).

del hombre von 1551 bis zu den physiologischen Anschauungen
der Christianismi Restitutio Michael Servet's des Jahres 1553
ist doch ein gewaltiger Schritt, den ich kurzweg bezeichnen
möchte mit Servet's Entdeckung der Undurchdringlichkeit der mittleren Herzwand; ein, dass ich so sage, koper-
nikanischer Schritt, der zuerst darlegte, wo im Mikrokosmos
Stillstand und was der Weg des lebendigen Kreislaufs ist.

Selbst Gaskoin, der dem Aragonier nicht wohl will, ge-
steht offen zu, kein Mensch könne zweifeln, dass die Christianismi Restitutio eine vollständige Vorstellung von dem Lungenkreislauf enthalte[1]. Indess die Priorität sucht ihm Gaskoin
auch im zweiten Artikel streitig zu machen durch Pedro Gimeno
und Laguna.

Pedro Gimeno, die einzige neue Autorität unter den Zeitgenossen des Aragoniers, die Gaskoin im zweiten Artikel gegen
ihn aufzuführen weiss, erscheint sehr dürftig bewaffnet. Der
grosse Anatom sagt 1549 im Dialogus de re medica, universam
anatomen constringens: „Indem das Herz den Geist von den
Lungen anzieht und nach der linken Herzkammer das Maass von
Blut dirigirt, was von der rechten Herzkammer kommt, so werden der Geist und das Blut daselbst vermischt vermittelst der
Friction und Compression, und so wird es durch die Arteria
magna an jeden Theil des Körpers vertheilt." Das ganze System
der Blut- und Geistmischung vermöge Friction im Herzen widerspricht geradezu dem wirklichen Blutkreislauf, so dass man
weder mit Morejon (II, 342) sagen kann, Pedro Gimeno habe
mit hinlänglicher Klarheit (con bastante claridad) seine Kennt-
nisse betreffs des Blutumlaufs dargelegt; noch auch mit Gaskoin,
Gimeno stehe Harvey nicht nach (is not behind him). Dass
diese Ansicht bestärkt werden soll durch Gimeno's Berufung
auf die zu verschiedenen Zeiten vorgenommenen Sectionen leben-
der Thiere, kann doch wohl nicht ernst gemeint sein: sonst
müsste ja die recht beträchtliche Zahl derer, welche vor Harvey
Vivisectionen vorgenommen haben, dadurch allein schon ihm
gleich stehen.

[1] No one can doubt, it contains a complete conception of the pulmonary
circulation (p. 458).

Noch einmal erscheint nun in Gaskoin's zweiten Artikel
Laguna, doch zu unserem grossen Erstaunen dies Mal nicht,
um gegen Servet eine Lanze zu brechen, sondern um gegen
den Stein des Anstosses, an dem schon so viele Physiologen ge-
scheitert sind, selber zusammenzubrechen (broken down), indem
bei Beschreibung des Pulses auch er der Freiheit der Bewegung
des Lebensgeistes in den Arterien grössere Kraft zuschreibt,
als man nach unseren Kenntnissen der Chemie dem mit dem
Blut verbundenen Sauerstoff zutrauen darf.

Gaskoin schliesst seinen zweiten Artikel mit den Worten:
„Ich war gewohnt mir den Servet zu denken als ein Wunder
(a prodigy) und den Harvey als einen Riesen (something
beyond human proportion). Aber durch das genauere (more
nicely) Studium der Werke seiner Zeitgenossen habe ich diese
Heldenwürde (this hero-worship) in gerechtere Maasse herab-
gestimmt und Geistesgesundheit erlangt bei der Untersuchung"
(Medical Times and Gazette. 1878. p. 458). Ich glaube, wenn
Gaskoin sich bewogen fühlen sollte, noch genauere Studien zu
machen, auf die Verehrungsebbe für Servet und Harvey würde
wieder eine Fluth folgen. Lehrt doch gerade der etwas genauere
Vergleich mit den Zeitgenossen, wie hoch jene beiden Männer
alle anderen überragen.

Indess auf Gaskoin's zweite folgt am 23. November 1878
noch eine dritte Studie, in welcher er die Sentenz prüft. dass
Francisco la Reyna der erste sei, welcher den systematischen
Blutkreislauf richtig beschrieben hat. Die Spanier selber seien
darüber nicht einig: Morejon und Sámano erklärten sich für
ihn: Chinchilla dagegen. Die Prioritätsbestimmung hat hier
ihre Schwierigkeit, insofern das 1552 zuerst erschienene[1]) Libro
de albeitería in seiner ursprünglichen Ausgabe vergriffen ist (no
longer to be found) und man daher nicht festsetzen kann, worin
die späteren abweichen. Doch Morejon (III, 11) hält es für
klar, dass Reina den Blutkreislauf geradeso gekannt hat, wie
wir ihn heute kennen[2]). Wir sind gespannt, was sagt der Ross-

---

[1]) Von 1546 soll schon das vorgedruckte Privilegium Philipp II (cuando
era principe!) lauten. Morejon II, 48. Die Ausgabe von 1564 und
die von 1647 stimmen überein.

[2]) Reina conoció la circulacion tal cual la conocemos en el dia.

arzt von Zamora? Wir citiren wörtlich: „Wenn man dich fragt.
wie das zugeht, dass, sobald man am Vorderfuss oder Hinterfuss
eines Pferdes eine Ader unterbindet, das Blut immer aus dem
unteren Ende springt und niemals aus dem oberen Ende, so ant-
worte: Man muss wissen, dass die Hauptvenen (capitales) von
der Leber ausgehen und die Arterien von dem Herzen. Und
diese Hauptvenen vertheilen sich an die Glieder in folgender
Weise: in Zweigen und kleineren Gefässen (miseraicas) an der
Aussenseite der Vorder- und Hinterfüsse gehen sie herunter bis
zu den Hufen. Und von da wenden sich diese kleineren Blutgefässe um (se tornan), um sich in die Hauptvenen auszugiessen.
welche von den Bogen aus (desde los arcos) durch die Vorder-
füsse nach dem inneren Theile aufsteigen. Auf diese Weise
haben die Venen der Aussenseite die Aufgabe, das Blut nach
unten zu führen. Und die Venen der Innenseite haben die
Aufgabe, das Blut nach oben zu führen; dergestalt, dass das
Blut im Kreise wie ein Rad herumgeht durch alle Glieder
und Venen [1]), mit der Aufgabe für die einen, die Nahrung den
äusseren Theilen, für die anderen die Nahrung den inneren
Theilen bis zu dem Hauptstapelort (el emporado) des Körpers,
dem Herzen, zuzuführen, dem alle anderen Glieder gehorchen.“
Und auf die Frage nach dem Wohnort (la morada) des Blutes.
antwortet der Meister aus Zamora: „Der Wohnort des Blutes ist
in dem Herzen und in der Leber und in den Venen und in
den Arterien.“ Morejon[2]) folgert daraus, dass „unsere Alten“
(nuestros antiguos) von dem Blutkreislauf im Allgemeinen
(considerado en general) Kenntniss hatten, benutzt aber
de la Reina nur als Folie für Miguel Servet, der genauer
wie alle anderen von dem Lungenkreislauf berichtet habe
(Morejon II, 48). Chinchilla hingegen, der vom Leben
Reina's gleichfalls nicht das geringste zu sagen weiss (biogra-
phically there is nothing known), vermuthet. Reina habe seine
Weisheit erst aus Monserrat geschöpft und sie in seinem
Werke über Rossarzneikunde ungeschickt (awkwardly) zu erwei-
tern gesucht. Gaskoin endlich meint, an Klarheit und Kühn-

---

[1]) la sangre anda en torno y en rueda por todos los miembros y venas.
[2]) Gaskoin nimmt seinen Text aus dem Abschreiber Morejon's,
    Chinchilla, und übersetzt ihn oft sehr frei.

heit im Ausdruck habe die Stelle keine Parallele. Da nun aber
Reina von Luft und Lunge und der mittleren Herzwand
kein Wort erwähnt, Venen und Arterien in ihren verschiedenen
Functionen nicht unterscheidet, zu geschweigen, dass er von der
Blutbereitung in den Chylusgefässen nicht das geringste ahnt;
auch selbst Gaskoin nicht wagt, Reina's Schwächen zu
leugnen, noch ihm Michael Servet vorzuziehen, so sehen wir
uns nicht veranlasst, noch weiter auszuführen, wie irrig die Behauptung sei, Reina habe den Blutkreislauf zuerst gekannt.

Nunmehr geht Gaskoin dazu über zu zeigen, wie in Spanien selbst schon die öffentliche Meinung dem Blutkreislauf
keineswegs sich entgegenstemmte, sondern ihm seit alten Zeiten
günstig gesonnen war. Die in Spanien zahlreich ansässigen he-
bräischen Aerzte hätten immer den Unterschied zwischen ve-
nösem und arteriellem Blut betont. Andererseits betone noch einer
der letzten[1]) Araber, Averroes aus Cordova in seiner Summa
(Colliget), Cap. 8, nicht nur obigen Unterschied, sondern auch
den zwischen den verschiedenen Gefässen und den zwischen den
Gefässen selbst und ihrem verschiedenen Inhalt: verweile, gerade
wie Hippokrates, bei dem consensus unus, conspiratio una,
omnia consentientia: leite den Ursprung aller Arterien aus dem
Herzen her und verweise auf ihre allerfeinste, haarartige Ver-
theilung an alle Theile des Körpers[2]). Jetzt erst kommt Gaskoin
auf den Bischof Jaime Perez von Valencia, und, nachdem
er die oben von mir nach Morejon ausgehobene Predigtstelle
über den 103. Psalm[3]) gebracht, fragt er: „Wäre es wohl dem
Prediger möglich gewesen, seinen Text durch Thatsachen zu er-
läutern, wenn sie dem allgemeinen Glauben geradezu ent-

---

[1]) one of the last, if not the last. Er stirbt um 1225. Und hinter ihm
stehen bei Morejon noch 44 arabisch-spanische Aerzte, die sich irgendwie ausgezeichnet haben, die letzten um 1450. Daher ist nicht abzusehen, warum Averroes der letzte sein soll?

[2]) Die Stelle lautet: Arteriae, quae portant sanguinem a corde et ramifi-
catae sunt per totum corpus ad ferendum rem ipsam*). — Manifestum
est de anatomia, quod multae arteriae a corde mittuntur ad cerebrum.

[3]) V. 9. Terminum posuisti, quem non transgredientur (aquae). Der 103.
Psalm der Vulgata ist bekanntlich in Luther's Uebersetzung Ps. 104.

*) The „rem ipsam" is indisputably the one thing needful — the arterial
blood.

gegenlaufen, oder auch nur der volksthümlichen Auffassung selt-
sam erschienen wären? Vielmehr musste man schon aus
Thomas Aquinas wissen, dass, wie dieser sich ausdrückt, die
Bewegung des Herzens in den Thieren der Bewegung der
Himmel in dem Kosmos gleicht: denn die Bewegung der Himmel
sei kreisförmig und ununterbrochen und geradeso die Bewegung
des Herzens, welche das Princip aller Bewegung in den Thieren
ist. In einer Hinsicht freilich sei letztere nicht kreisförmig,
insofern sie sich abzufinden habe mit Röhre und Puls; aber es
gebe doch auch in dem Thier eine fortwährende Vorwärts-
bewegung, die nur insofern vom Kreislauf sich unterscheide, als
bei ihr immer eine nothwendige Pause eintrete zwischen dem
Schlag und dem Strom. Nur insofern erschienen beide Arten
von Bewegung im Widerspruch: aber da sie eine zusammen-
gesetzte Bewegung ausmachten, in welcher jedes seinen Theil
und Beitrag habe, so wichen sie nur in jenem Grade von der
einfachsten Art der Kreisbewegung ab, welcher aber darin im
thierischen Leibe vorzüglich nachgeahmt werde, dass es auch hier
in der That gelte ab eodem in idem [1]).

Zuletzt kommt Gaskoin auf das oben von uns berührte
Werk, das Fray Vicente Burgos fleissig aus Isidor von Sevilla und aus dem grossen Arzt Constantin aufsammelte und
das 1494 in castilianischer Sprache gedruckt erschien, und schliesst
mit seiner Bewunderung Harvey's [2]).

Doch noch eine Eigenthümlichkeit der Aufsätze Gaskoin's
muss hier zum Schluss vermerkt werden, d. i. der Ritter des
spanischen Isabellen-Ordens hat eine ausgesprochene Antipathie
gegen solche Spanier, die keine rechten Spanier mehr sind, sondern sich als Italiener geriren. Daher auch bei ihm Juan Valverde, Realdo Colombo's Schüler, sichtbar zurückgesetzt
worden ist.

Es ist ja zweifellos ein hässlicher Zug in Valverde, dass
er, um die Italiener zu erheben, Unwahrheiten ausbreitet über
sein Vaterland. So wenn er sagt „es war ein garstig Ding (cosa

[1]) De motu cordis, ad Mag. Philippum. Opusc. XXXV. Tom. XVII. Venet.
1593. fol.
[2]) I hope the time will arrive when all Europe will be of one mind con-
cerning him (p. 596).

fea) für die Spanier. Leichname zu zerstückeln", da ja doch
schon Ferdinand und Isabella im Interesse der Wissenschaft die
Vornahme von Sectionen in Saragossa, Carl V. solche auch zu
Valladolid und Salamanca gestattet hatte[1]). Auch Valverde's
Zurechtweisungen Vesal's, des Lehrers seines Lehrers, sind nicht
immer gerecht. Denn alles kann man dem Vesal, dem „von
Gott für die Auferweckung der Anatomie begeisterten Manne", eher
vorwerfen, als gerade Mangel an Fleiss und Sorgfalt (usó menos
dilijencia de la que se requeria).

Hier kommt es uns nicht darauf an. Valverde's Verdienste
— seine Nachweisung, dass Galen nur zu oft vom Affen ana-
tomische Beobachtungen fälschlich auf den Menschen übertragen
hat, seine Zurechtweisungen des Vesal u. dgl. m. — zu erörtern,
sondern zu hören, was Valverde vom Blutkreislaufe lehrt. Und
da ist zunächst zu beobachten, dass er in der mit Vorrede vom
13. Sept. 1554 versehenen Historia de la composicion del cuerpo
humano (Romae 1556), im vierten Theile von den Brusthöhlen
und den Herzfunctionen redet, ohne noch an den Blutkreislauf
zu denken: und erst, in dem später ausgearbeiteten, sechsten
Theile, bei Betrachtung der Blutgefässe, folgendermaassen sich
äussert: „Es ist zu bemerken, dass nicht, wie viele geglaubt
haben, die Vena cava, indem sie von der Leber ausgeht, sich,
wie die grosse Arterie, in zwei Stämme theilt, noch auch in
dem Theile breiter ist, wo sie von der Leber in die Lende (hasta
los lomos), als wo sie in das Herz geht; dass sie vielmehr einen
einzigen geraden Stamm bildet, dessen Obertheil hinaufsteigt,
indem er die rechte Seite des Zwerchfells durchbohrt, und bald
darauf, ohne mittenweges einen Theil der Lunge noch sonst
etwas anzutreffen (sin haber en medio parte de pulmon ni otra
cosa alguna), durch die Gewebe des Herzens hindurchgeht (pasa
por las telas del corazon), welche sich in einigen Theilen
breit (anchamente) mit dem Zwerchfell verbinden und besonders
mit dem Theile, durch welchen jene Vene geht (per donde pasa
esta vena). Und in diesem Theil hat sie zwei Aeste, die sich
vermittelst vieler Zweige durch das ganze Zwerchfell ausdehnen
und zum Theil geht sie durch die Gewebe des Herzens an der

---

[1]) Morejon II, 371.

Stelle, wo sie sich mit dem Zwerchfell verbinden." Wo Valverde nun aber von den drei Kanälen spricht, den Venen, den
Nerven und den Arterien, äussert er sich also: „Die Venen
sind die Leiter des Blutes, das alle Theile des Körpers erhalten
soll; die Nerven dienen dazu, die natürliche Bewegung zu ver-
mitteln; die Arterien führen die Geister (por ellas pasen los
espíritus), welche dem ganzen Leibe das Leben geben, indem sie
seine Wärme erneuern und erfrischen (recreando y refrescando
el calor de él). Er sieht gerade darin ein grosses Geheimniss,
dass, wie es der Arterien Aufgabe ist, die Geister zusammen-
zuhalten (contener los espíritus) und die natürliche Wärme auf-
zufrischen, indem sie die Geister des Herzens nach allen
Theilen des Körpers senden (enviando los espíritus del corazon
á todas las partes del cuerpo), so es nöthig ist, auch dass sie
ihrerseits in ihren Geweben Fäden, die sich ihnen in die Quere
legen, fänden, damit vermittelst derselben sie die Geister senden
oder aber zurücktreiben können (tuviesen mas hîlos atravesados,
mediante los cuales envian ó desechan los espíritus), nicht aber
solche haben (no aviesos), vermittelst derer sie dieselben zurück-
halten (mediante los cuales los detienen)[1]).

Aus dieser dunklen Stelle constatire ich hier ausdrücklich,
dass Juan Valverde noch in der spanischen Ausgabe von 1556
zu Anfang lehrt, Blut sei in den Venen, in den Arterien aber
Geist.

Nun aber hatte Valverde's Landsmann, Miguel Servet
in dem 1546 handschriftlich verbreiteten, seit Michaelis 1552
unter der Presse befindlichen Werke Christianismi Restitutio
festgestellt, dass die venöse Arterie nicht blos Luft führe, sondern mit Blut vermischte[2]) und dass das feingemischte Blut
nicht durch die mittlere Herzwand, wie man gemeinhin glaubte,
sondern vermittelst einer langen Leitung durch die Lungen in
Bewegung gesetzt und von der arteriösen Vene in die venöse
Arterie hinübergegossen wird."

Jetzt, in dem letzten Theil seines 1556 erschienenen Werks,
widerspricht Valverde seinen eigenen früheren Behauptungen,

---

[1]) bei Morejon II, 374. Statt no aviesos ist wohl zu lesen no aviendo.
[2]) S. meine Abhandlung über den Blutkreislauf. Jena 1876. S. 4 und 3.

gerade wie Vesal seinen eigenen Behauptungen widersprach, seitdem er Servet gelesen und neben den neuen Annahmen die alten stehen liess.

Die venöse Arterie, sagt Valverde nun, entspringt auf der linken Seite des weiteren Theiles der zweiten Herzkammer und vertheilt sich gleichfalls durch die Lungen, indem sie sich zunächst in zwei und darauf in mehrere Zweige theilt, und deren sind nicht weniger, als bei der arteriösen Vene. Die Haut dieser Arterie ist fein und ähnlich der der Venen und aus gedachtem Grunde wurde dies Gefäss genannt venöse Arterie, indem man ihm darum den Namen Arterie gab, weil man darin Blut findet und Luft oder Geist, wie in den anderen Arterien (se encuentra en él sangre y aire ó espíritu, como en las otras arterias). Nach der Meinung aller, die vor mir geschrieben haben (segun todos los que antes de mí han escrito), ist der Zweck der arteriösen Vene allein die Erhaltung der Lunge; der Zweck der venösen Arterie, die Luftzuführung nach der linken Herzkammer, indem es ihnen schien, als könne jene Arterie in keiner Weise Blut führen. Nun aber zeigt die Erfahrung (la esperiencia), wie ich sie oft (muchas veces) gemacht habe mit Realdo (Colombo) sowohl an lebenden Thieren als an todten, dass diese Arterie nicht weniger mit Blut erfüllt ist, als irgend eine der anderen (no menos está llena esta arteria de sangre que cualquiera de las otras). Auch kann man nicht sagen, dass es erst mit dem Tode des Menschen in die Arterie tritt (entra dentro): denn, wenn man ein lebendiges Thier öffnet, so vergiesst es beim Zerschneiden so viel Blut[1]); es umarmt das Herz das was es hält und erlaubt nicht, dass es nach aussen herausläuft[2]), und wenn doch etwas herausfliesst, so ist es vernünftiger (mas razonable), dass es durch den Mund der grossen Arterie herausgeht, aus dem es gewöhnlich kommt, als aus irgend einem anderen Theil. Gewöhnlich, wenn es möglich ist, das Herz sofort zu öffnen und alles Blut davon abzuziehen und darauf diese Arterie zu beschauen, wird man sie ohne Fehl (sin falta alguna) mit Blut erfüllt finden." „Da es nun so ist, dass man in dieser

---

[1]) en el cortar derrama tanta sangre.
[2]) abraza el corazon la que tiene sin dejarla salir fuera.

Arterie Blut trifft und da es von der linken Herzkammer aus nicht darin eintreten kann, wie die Lage der Gewebe (telas) beweist, von denen wir gesagt haben[1]), dass sie sich dort, an der Mündung jener Arterie befinden, so glaube ich gewiss, dass von der arteriösen Vene das Blut herübergenommen wird in die Substanz der Lunge, um sich dort zu verdünnen und zu bereiten, um sich leichter in Geist zu verwandeln (á poder mas facilmente convertirse en espíritus) und dann mischt es sich mit Luft (con aire), welche hereindringt durch die Zweige des Lungenrohrs, um vereinigt mit dem Blut (juntamente con ella) in die venöse Arterie zu gehen und von da in die linke Herzkammer und sich dort mit dem etwas dickeren Blut zu mischen, welches von der rechten Herzkammer in die linke übergeht (del derecho ventrecillo del corazon pasa al izquierdo), falls etwas übergeht (si alguna pasa): denn bis jetzt habe ich noch nicht gesehen, wo es durchgehen kann (yo hasta agora no he visto por donde pueda pasar). Indess, sage ich, falls es durchgeht, so bildet sich aus beiden Blutarten eine Materie, welche geneigt ist, sich in die Geister zu verwandeln, die uns das Leben geben (dispuesta á convertirse en los espíritus que nos dan la vida)."

Sollte es aber nicht durchgehen, müsste man doch weiter schliessen, so bildet sich unsere Lebensmaterie nicht. Oder, noch correcter, da, wie schon 1546 in seiner Handschrift Servet dem Calvin, Melanchthon und Anderen gezeigt hat, dieser Durchgang durch die mittlere Herzwand, die auch Valverde nie gesehen, nicht möglich ist, so bildet sich unsere Lebensmaterie nicht. Da sich nun aber, so lange Menschen leben, unsere Lebensmaterie doch gebildet hat, so ist Valverde's Theorie unmöglich. Jedenfalls erhellt, dass Valverde's Physiologie eine höchst unklare ist. Zwei Strömungen, eine alte und eine neue, kämpfen mit einander in seinem Buche, ohne es zu einer festen, entschiedenen, einheitlichen Richtung kommen zu lassen. Hat er direct Servet's Handschrift oder die betreffenden Aushängebogen gelesen — und dem, der 1546 an seine französischen und deutschen Feinde die Handschrift der Restitutio sandte, kann

[1]) L. IV. c. 8. f. 75.

man wohl auch zutrauen, dass er 1552 gleich frisch von der Presse einzelne Aushängebogen an seine paduanischen Freunde sandte, — so hat er sie jedenfalls nicht verstanden. Denn bei Servet ist die mittlere Herzwand undurchdringlich, der Lebensgeist bildet sich nicht durch Hinzuströmen des dicken Blutes; die Mischung geschieht nicht in der linken Herzkammer, die dazu zu klein ist, sondern in der Lunge u. dgl. m. ...

„Diese meine Ansicht, sagt Valverde, wird von der sinnlichen Wahrnehmung unterstützt: denn wer mir nicht glauben will, dass sich in der venösen Arterie Blut findet, wie in jeder anderen, der kann es sehen, und er wird sagen müssen, dass es nothwendig von dort aus in die linke Herzkammer geht. Auch ist das viel wahrscheinlicher, zu denken, dass aus dem Blut der rechten Herzkammer (welches von dem der grossen Vene wenig verschieden ist), ohne dass eine grössere Vorbereitung vorangeht, sich sofort die Geister (los espíritus) schaffen liessen, die das Leben geben. Indess ich will davon abbrechen: denn das liegt ausserhalb meines Vorsatzes, der nur dahin geht, zu zeigen, dass in der venösen Arterie ohne Zweifel Blut ist, und nicht blos Luft (y no aire solo), wie alle, die vor mir geschrieben haben, behaupten (como cuantos antes de mí han escrito afirman p. 376).

Dass diese Prahlerei des Schülers (Valverde) wie des Lehrers (Colombo) eine grundlose, lügenhafte ist, erhellt für jeden, der Servet's Restitutio liest, aus welcher Colombo wie Valverde geschöpft haben. Dass Gaskoin einem solchen elenden Renommisten nicht besonders wohl will, mögen wir ihm nicht verdenken.

Dass aber Morejon, der Valverde's Werk nach verschiedenen Richtungen hin dem Vesal's weit vorzieht, den Chirurgen von Amusco für einen durchaus selbständigen Forscher ausgiebt und alle seine Verdienste hervorkehrt, dennoch nirgend von seinem Landsmann sagt, er habe den Blutkreislauf, auch selbst nur den kleinen, entdeckt, erkannt oder gelehrt, das giebt zu denken. Valverde stellt eben nur den Satz auf, die venöse Arterie führe auch Blut; an den Consequenzen war ihm nichts gelegen.

Mag man nun auch über Gaskoin's drei Artikel denken, was man wolle, das Verdienst sollte man ihnen auch in England nicht absprechen, dass sie in der Frage nach der Priorität der Entdeckung des Blutkreislaufs manche neue Anregungen gegeben, den Gesichtskreis der englischen Forscher erweitert und aus Morejon, Chinchilla und Sámano die englischen Landsleute daran erinnert haben, wie, dank König Salomo, dem heiligen Isidor, dem Arzte Constantin, dem Araber Averroës, dem grossen Scholastiker Thomas Aquin, dem Bischof Jaime Perez und dem Mönchsbruder Vicente, die Idee eines der grossen Welt nachgebildeten Kreislaufs der Säfte des menschlichen Leibes in Spanien sich einer weiten Verbreitung und Popularität erfreute, Jahrhunderte vor William Harvey. Für die Hauptfrage aber nach dem ersten wirklichen Entdecker des Blutkreislaufs ergiebt sich aus Gaskoin's Untersuchungen ein doppeltes Resultat: einmal, dass, ausser dem Aragonier Michael Servet, dessen Restitutio 1553 erschien, keiner der gerühmten spanischen Anatomen, weder vor 1553 noch nach 1553 bis Harvey, von dem richtigen Vorgang des Blutkreislaufs selbst nur durch die Lungen eine Ahnung gehabt hat. Sodann, dass da man den aragonischen Verf. der Restitutio Christianismi nicht aus dem Zusammenhang mit seinem Volke reissen darf, es immer wahrscheinlicher wird, dass auch Michael Servet, der Interpret des Salomo, Herausgeber des Aquin und Kenner des Averroes. eine Idee davon gehabt habe, im Mikrokosmos des Herzens müsse es ähnlich zugehen wie im Makrokosmos der Himmel, und dass er seinen Satz: „Jedwedes Ding kehrt immer wieder zu seinem Ursprung zurück" auch von der Rückkehr des Blutes zu eben der Herzkammer, von der es ausgeht, also vom grossen Kreislauf, verstanden wissen wolle.

(Separatabdruck aus Virchow's Archiv für pathologische Anatomie und Physiologie und für klinische Medicin. Siebenundneunzigster Band. 1884.)
Druck und Verlag von Georg Reimer in Berlin.)

www.ingramcontent.com/pod-product-compliance
Lightning Source LLC
Chambersburg PA
CBHW022041080426
42733CB00007B/922